DICTIONNAIRE

PHILOSOPHIQUE

O U

INTRODUCTION

A LA CONNOISSANCE

DE L'HOMME.

par Mr Chicaneau de Neuville, ancien Garde du Corps, Secretaire du Duc Felix, qui potuit rerum cognoscere causas! de la valliere, m'a Nancy

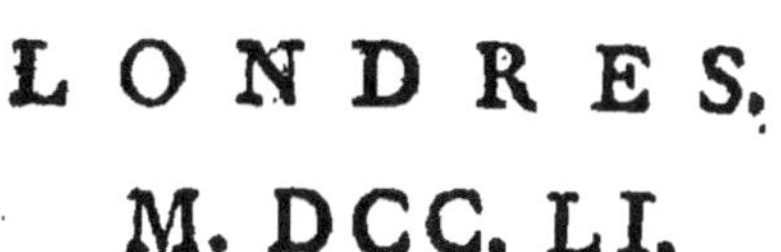

LONDRES,

M. DCC. LI.

DICTIONNAIRE
PHILOSOPHIQUE

ou

INTRODUCTION

A LA CONNOISSANCE DE L'HOMME

A PARIS

EPITRE
DÉDICATOIRE.

A
MONSEIGNEUR***

Monseigneur,

En vous offrant cet Ouvrage,
je rends un hommage publique
à la vertu. Ce n'est, ni votre

rang , ni votre crédit , qui m'engagent à vous le préſenter : Si je connoiſſois un plus honnête-homme que vous , je lui dédiérois mon Livre.

J'ai l'honneur d'être ,

MONSEIGNEUR ,

Votre très-humble & très-obéiſſant ſerviteur ,

AVERTISSEMENT.

CE petit Dictionnaire n'est qu'une introduction à un Ouvrage que j'annonce au Public, & qui paroîtra bientôt sous le titre d'Essai sur les moyens de se rendre heureux. J'y ramene à un même principe, au désir de se rendre heureux, toutes les maximes de la morale & de la politique : mais j'ai crû, que pour être mieux entendu, je devois auparavant donner une définition des vices, des vertus, des plaisirs, des passions, des qualités du cœur & de l'esprit, & généralement de tout ce qui contribue, & de tout ce qui s'oppose à notre bonheur. Combien y a-t'il de personnes, pour qui ces mots n'ont qu'un sens vague & indéterminé, & qui par-là n'appercoivent pas le rapport que les choses ont entre elles ? Je suis très-persuadé, que l'ignorance & les préjugés sont la cause de tous nos maux ; & que nous ne pouvons parvenir à la connoissance de la vérité, source de tout bien, qu'autant que nous aurons des choses, qu'il nous importe le

plus de savoir une idée claire, exacte &
précise.

C'est le sentiment du plus grand Philosophe, qui ait jamais été, du célèbre
Locke, qui prétend qu'on peut prouver
les maximes de la morale aussi solidement
qu'on démontre les propositions de Géométrie. Voici ses propres mots d'après la
traduction de M. Coste.

Un moyen, par où l'on peut beaucoup rémédier à une partie des inconvéniens, qui se rencontrent dans les
idées morales, & qui les ont fait regarder comme incapables de démonstra-
tion, c'est d'exposer par des définitions,
la collection d'idées simples, que chaque terme doit signifier, & ensuite de
faire servir les termes à désigner précifément & constamment cette collection
d'idées. Je suis assuré du moins, que si
les hommes vouloient s'appliquer à la
recherche de la vérité selon cette méthode, & avec la même indifférence
qu'ils cherchent les vérités mathématiques, ils trouveroient que ces premieres

ont une plus étroite liaison l'une avec l'autre, qu'elles découlent de nos idées claires & distinctes par des conséquences plus nécessaires, & qu'elles peuvent être démontrées d'une maniere plus parfaite, qu'on ne croit communément.

Le titre de Dictionnaire Philosophique, que je donne à cet Ouvrage, semble exiger une définition de tous les termes propres de cette science : mais on doit se souvenir, que mon principal objet, comme je l'annonce par mon second titre, est de faire connoître l'homme : ainsi je me suis plus attaché à peindre qu'à embarrasser l'esprit de choses étrangeres à mon objet. Toutes ces sublimes spéculations de la métaphysique, sont plus satisfaisantes pour l'esprit, qu'utiles pour les mœurs.

Pour parvenir plus sûrement à connoître l'ame j'ai crû qu'auparavant il falloit examiner le corps, qui a avec elle un rapport si intime, que toutes les opérations de l'une sont dépendantes de l'autre : c'est pourquoi j'ai examiné avec soin les différens tempéraments, qui distinguent les hommes les uns des autres, & qui sont la ſource des diverſes qualités de leur cœur & de leur eſprit. Qu'on ne croye pas au reſte, que je veuille inſinuer par-là, que nous ne devons nos vices ou nos vertus qu'au tempérament. je fais voir quel eſt le pouvoir de la raiſon & de la coûtume pour déterminer notre volonté & nos actions.

Il m'arrive quelquefois pour égayer la matiere néceſſairement un peu ſérieuſe, de citer des paſſages qui ont du rapport à mon objet ; & alors j'ai ſoin de nommer les Auteurs. A l'égard des définitions, il eſt impoſſible que je ne me ſois pas quelquefois rencontré avec ceux qui ont traité les mêmes ſujets ; ce ſera au contraire une preuve que j'aurai bien penſé, quand je ſerai d'accord avec les bons Auteurs. Je déclare donc, dans la crainte qu'on ne me ſoupçonne de plagiat, que j'ai profité des lumieres de ceux qui ont écrit ſur la même matiere, & ſurtout de l'excellent Livre de M. de Vauvenargue, ſur la connoiſſance de l'eſprit humain, & je dis avec lui : j'aime aſſez la gloire, pour ne pas chercher à m'approprier celle d'un autre. DICTIONNAIRE.

DICTIONNAIRE

PHILOSOPHIQUE.

A

ABSTRAIT.

UN homme abstrait est un homme concentré en lui-même, qui s'occupe à méditer sur des idées métaphysiques. Cette sorte d'esprit est propre au Cabinet, & insipide dans le commerce de la société.

Cette qualité vient du tempérament qui change selon la qualité des humeurs, qui varie suivant le climat, l'âge & les saisons. Tel, qui est né vif, enjoüé, gai, jusqu'à l'étourderie,

devient, sombre, abstrait, mélancolique par le chagrin & les excès,
qui épaississent les humeurs, ralentis-
sent le mouvement du sang, & pro-
duisent d'autres sensations, & conséquemment d'autres idées. Le physique
influe plus que l'on ne croit sur le
moral.

ADOLESCENCE. *Voyez* Age.

ADULTERE.

L'adultere, est celui ou celle qui
viole la fidélité conjugale. *Voyez* Fidélité. Adultere s'entend aussi de
l'action.

AFFABILITÉ.

L'affabilité est une maniere douce
& affectueuse de recevoir, & d'écouter les personnes, que le hasard, ou
la nécessité des affaires nous présente.
C'est une vertu de société fondée sur
l'amour des hommes, & le désir de
leur plaire ; elle nous montre atten-

tifs, prévenans, prêts à tout entreprendre pour rendre fervice. Elle
doit plus à la réflexion qu'au tempérament.

AFFECTION.

L'affection eſt la maniere dont l'a-
me eſt affectée des choſes dépendantes
de la morale. Le galant homme,
l'homme du monde eſt affecté de
tout ce qui a rapport à la gloire ;
le Philoſophe, de tout ce qui tend
au bonheur ; l'un préfere la réputation
à la vertu, & l'autre la vertu à la réputation. Cette expreſſion ſe prend
en bonne & en mauvaiſe part ; on
dit également d'un homme qu'il eſt
bien ou mal affecté ; cependant
il eſt plus ordinaire de la voir em-
ployée en bonne part, & pour lors
affection ſignifie amour.

AGE.

L'âge eſt le tems de la durée d'une
choſe. La vie de l'homme eſt partagée

en plusieurs âges. L'enfance va jusqu'à quatorze ans; c'est le tems de l'éducation, qu'on ne peut trop tôt commencer. L'adolescence commence à quatorze ans, & finit à vingt-cinq. C'est l'âge le plus critique, parce que les passions y sont plus vives, & que la raison n'est pas assez formée pour les contenir dans de justes bornes. La jeunesse est depuis vingt-cinq jusqu'à quarante. C'est le regne de l'ambition & du travail. L'âge mur est depuis quarante jusqu'à soixante; c'est l'âge de la raison, & le tems de la récolte. La vieillesse est depuis soixante jusqu'à quatre-vingt dix; c'est le tems de la retraite & du repos; le tems fait pour joüir des fruits du travail & de l'expérience: après viennent la caducité & la décrépitude, qui entrainent à leur suite les infirmités & la mort.

Age. Le Pere Brumois que j'aurai occasion de citer plus d'une fois, fait aussi le

portrait de quatre âges dans fon Poëme des
paffions : ouvrage auffi profond & utile qu'a-
gréable.

L'homme commence-t'il d'articuler des
fons, & de former des pas affûrés, fes petites paffions ont le brillant des éclairs,
& la vivacité d'une flamme qui s'élance des
cendres fous lefquelles le feu fembloit af-
foupi, fa colere étincelle, & fe calme tout
à coup; il brûle, s'il n'obtient à l'inftant
ce qu'il défire. Il l'obtient, il le quitte;
il tremble dans les ténebres; il rougit &
pleure fi on lui fait fentir fa faute; fouvent
la honte étouffe fes paroles; il eft fenfible à l'émulation de furpaffer fes pareils;
toûjours en mouvement, il court & faute
dans la maifon Paternelle; il conftruit de
petits châteaux; il aime à imiter les quadrupedes en marchant, ou les cavaliers
en traînant un bâton; il paffe à fon gré
des ris aux larmes; & le paffage eft court;
il varie en un mot, & change felon le caprice qui le guide.

Eft-il arrivé à l'adolefcence, fes paffions
fe font accrûes comme fes forces; fon mo-
bile cœur eft agité des flots de l'erreur &
du vice; prompt à fecoüer le joug, & à
rire des confeils fenfés d'un pere vieilli, il
fe plaît dans les feftins & dans les affemblées
de plaifir : prodigue & peu inquiet fur l'avenir, il confume les biens paternels, &

ne connoît d'autres lois que celles que lui
dicte une impérieuse passion; incapable
de se tenir en place, ardent à chercher
des querelles & à se vanger; hardi jusqu'à
mépriser les glaives, plein de folles chimeres, courageux jusqu'à la témérité, il semble puiser une grande ame du jeune sang
qui bout dans ses veines.

Les années qui s'envolent, lui enlevent
avec la fleur de la jeunesse, le feu des passions étourdies. L'âge mûr fait succéder le
sérieux à la bagatelle, & le devoir aux
folâtres plaisirs; l'homme dans sa maturité
prévoit les évenemens & leurs conséquences. Il s'étudie à plaire, à s'insinuer dans
la faveur, à se faire une route aux grands
emplois, à suivre la fortune & l'ambition;
il se reproduit lui-même dans une famille
nombreuse, dont il devient le chef & l'appui.

Mais tandis que ces tendres soins le tiennent en haleine, il court à grands pas dans
le chemin facile qui mene à la triste vieillesse. Arrivé à ce terme, son esprit & son
corps commencent à se glacer; sa tête &
ses joues se couvrent de neige; il se hâte
lentement; superstitieux & ridicule à l'excès, il craint tout sans raison; un essain
de soucis l'assiége, soit quand il se can-
tonne dans le rempart de ses trésors,
pauvre hélas! au milieu des monceaux d'or

qu'il a accumulés pour d'autres que pour lui ; soit quand un long espoir lui fait porter au loin ses regards dans des années qu'il ne verra pas, ou qu'une envie secrette lui fait blâmer les doux momens dont abuse la jeunesse. Tant il est vrai que les passions issues du corps humain en suivent la naissance, le progrès, la décadence & la destinée.

AGRICULTURE.

L'agriculture est l'art de cultiver la terre. Elle mérite les premiers soins du gouvernement, c'est la source la plus pure des richesses d'un état.

AISANCE.

L'aisance dans les manieres est un agrément qui accompagne toutes nos actions, & qui consiste sur-tout dans la facilité, la promptitude & la grace des mouvemens du corps. L'aisance dans la fortune est cet heureux état de médiocrité, qui fait le bonheur de l'homme, & l'ambition du sage : elle est entre le nécessaire & le superflu.

AMBITION.

L'ambition eſt un déſir violent de parvenir aux honneurs & aux digni-tés. C'eſt la maladie de l'eſprit le plus incurable : les autres paſſions ſe cal-ment par l'acquiſition du bien qu'elle pourſuivent ; mais la ſoif de l'ambi-tieux reſſemble à celle de l'hydropi-que, elle s'irrite & s'accroît à meſure qu'on cherche à la ſatisfaire.

L'ambition modérée qui n'emploie que des moyens légitimes pour par-venir, eſt ce qu'on nomme émulation ; & c'eſt pour lors une vertu qui con-court au bien de la ſociété, & conſé-quemment au bonheur de celui qui l'éxerce. *Voyez* Emulation.

AME.

L'ame eſt cette partie de nous-mê-me, qui ſent, qui penſe ; & qui com-mande au corps. L'ame conſidérée par ſa faculté de ſentir, s'appelle œur. L'ame conſidérée par la

faculté de penſer , ſe nomme eſprit.

Le rapport intime que l'ame a avec
le corps dont elle eſt dépendante pour
ſes opérations , a fait croire à quelques Philoſophes , & entre autres à
Ariſtoxenus , que l'ame n'étoit qu'une
harmonie réſultante des opérations
du corps , ce qui pourroit ſe concevoir de l'ame ſenſitive : mais cette
opinion eſt inſoûtenable , lorſqu'il
eſt queſtion de l'ame intelligente , car
comment concilier dans ce ſyſtème
les oppoſitions ſenſibles qui ſe trouvent tous les jours entre ces deux
agens ? L'effet n'eſt jamais contraire
à ſa cauſe. Platon & Zenon croyoient
que l'ame étoit une flamme céleſte, une
portion de la divinité , qui cherchoit
ſans ceſſe à ſe réunir à ſon tout. Platon
prétendoit qu'elle étoit indiviſible , &
par conſéquent immortelle : au reſte
toutes ces diſputes des Philoſophes
ſur l'immortalité, l'indiviſibilité, l'im-
matérialité de l'ame , ne font rien à la

morale. Quand on pourroit prouver
que l'ame eft mortelle, ce qui n'arri-
vera certainement jamais, on n'en
feroit pas moins voir la néceffité d'être
vertueux pour joüir du bonheur au
moins dans cette vie.

AMITIÉ.

L'amitié eft un fentiment d'affection, qui nous porte à aimer quelqu'un par l'attrait du plaifir que nous
nous promettons dans fon commerce.
Ce fentiment naît du rapport de l'humeur, des goûts, des efprits; il augmente par l'eftime, s'entretient par
des attentions réciproques, & finit
par le peu de ménagemens que nous
avons pour l'amour-propre.

L'amitié eft un des plus grands biens
dont l'homme puiffe joüir. Il eft bien
doux d'avoir quelqu'un à qui l'on
communique toutes fes penfées, &
tous fes fentimens, & qui reffente
nos plaifirs & nos peines. Le partage
des biens nous en procure une joüif-

sance plus sensible, & l'intérêt que l'on prend à nos afflictions les rend plus légeres.

AMOUR.

L'amour pris en général pour tout penchant du cœur, qui nous entraîne vers un objet plutôt que vers un autre, est une affection de l'ame qui cherche à s'unir à tout objet qui excite en lui un sentiment de plaisir, ou qui se complait dans la jouïssance de ce même objet : ainsi l'on peut voir selon cette définition, que le désir n'est pas essentiel à l'amour ; car l'amour de nous-même, qui possede son objet, ne le désire pas, mais se complait dans sa possession : ainsi le désir ne se joint à l'amour, que lorsqu'il n'a pas l'objet qui excite en lui un sentiment de plaisir. La complaisance dans l'objet en fait le fondement & l'essence.

Le sentiment du plaisir s'excite dans l'ame, ou par sensation, ou par réflexion. Par sensation, lorsqu'il nous

vient immédiatement des objets extérieurs, qui frappent nos fens ; par
réflexion, lorfque l'efprit a jugé que
tel objet eft propre à contribuer à
notre bonheur. Je vais tâcher de rendre tout cela fenfible par un exemple
pris de cette efpece *d'amour* qu'un
fexe a pour un autre, & que je défi-
nirai après.

Je me trouve dans un cercle, j'y
vois plufieurs Dames, l'une attire
mes regards par l'éclat de fon tein
& la régularité de fes traits : voilà le
premier effet de la fenfation agréable ; je l'éxamine plus attentivement,
& felon le caractere que fa phyfionomie exprimera, & le rapport qu'il
aura avec le mien propre, je la trou-
verai belle ou non : car qu'on y faffe
bien attention, c'eft une erreur de dire
que la beauté ne plaît pas toûjours ;
dès qu'un objet ne nous plaît pas,
dès lors nous ne le trouvons pas beau ;
il peut l'être pour un autre ; la beauté
des phyfionomies eft très-arbitraire ;

mais on ne nous perſuadera jamais qu'il le ſoit pour nous, quand on pourroit même nous démontrer que cette perſonne eſt belle, ce qui ne ſe peut pas, puiſque la beauté n'eſt faite que pour être ſentie; elle va au cœur & non pas à l'eſprit.

Dès que je trouve donc une perſonne belle, dès-lors je l'aime, & voilà l'effet de la ſenſation qui excite en moi l'amour : ſi cette même perſonne joint à ces dehors prévenans, les qualités du cœur & de l'eſprit, que je priſe le plus ; car encore une fois, on n'aime dans les autres leurs qualités, que par le rapport qu'elles ont avec les nôtres ; que cette perſonne ait donc ces qualités, & dès lors je me livre tout entier à l'effet de la premiere ſenſation : mais ſi la réflexion vient à découvrir des défauts que l'illuſion de l'amour entretient quelquefois long-tems, je cherche à m'oppoſer à l'effet de ma ſenſation ; & en m'éloignant de l'objet qui l'a caufée, & qui la renouvelle fans ceffe par fa préfence, je parviens à l'effacer de mon cœur ; au lieu que tant que je le vois, il m'eft auffi impoffible d'en empêcher l'effet, qu'il dépend peu de moi de trouver mauvaife une liqueur qui flate mon goût ; ce n'eft qu'en m'abftenant d'en boire que je puis empêcher l'effet du poifon qu'elle renferme.

On m'objectera peut-être qu'on n'a de l'*amour* que pour la beauté : j'en conviendrai. On ajoûtera qu'il arrive fouvent, que de plufieurs perfonnes qui paroîtront dans un cercle, ce ne fera pas toûjours celle qui nous paroîtra la plus belle que nous aimerons le plus, & je le nierai abfolument. Ce ne fera peut-être pas celle, dont les traits me paroîtront les plus réguliers, j'en conviens : mais les autres qualités que la phyfionomie exprime, fuppléront les agrémens de la figure qui lui manqueront, ou dumoins me paroîtront préférables ; & alors la beauté morale des sentimens l'emportera sur cet assemblage de traits, que la multitude qui n'a que des yeux met au-dessus de tout autre mérite.

En réfléchissant sur ce que je viens de dire, on cessera de s'étonner pourquoi des gens qui sont disproportionnés d'âge, ressentent quelquefois de l'amour l'un pour l'autre. Pour quoi une femme qui méprise un homme qu'elle voit tous les jours, ne peut cependant s'empêcher de l'aimer.

L'on verra aussi que la nature de l'amour, & les effets qu'il produit, doivent nécessairement être aussi différens que ses causes ; & qu'une même personne peut réunir plusieurs especes d'amour, tels que l'amour-propre, l'amour de la gloire, l'amour des plaisirs, l'amour des richesses &c. Mais ces amours seront subordonnés les uns aux autres, & il en aura toûjours un dominant, & qui effacera presque les autres ; au reste plus un homme aura de ces especes d'amours, qu'on pourroit quelquefois appeller des goûts tant ils font légers, moins il aura de l'amour paffion.

Je ne me fuis tant étendu fur cet article, que parce que *l'amour* eft la fource de la plus grande partie de nos paffions, & qu'il me femble que quoiqu'on en ait beaucoup écrit, on ne l'a gueres peint que par fes effets. Je continue à définir fes différentes efpeces, & je commence par l'amour qu'un fexe reffent pour un autre.

AMOUR D'UN SEXE
pour un autre.

Cet amour eft différent fuivant fa caufe & fon objet. Quand il n'eft pro-duit que par le befóin que la nature fait fentir à un certain âge plus ou moins, fuivant le tempérament, c'eft un penchant aveugle qui nous entraîne vers un objet ; c'eft une fu-reur de joüir, qui reçoit toute fa force & fa vivacité d'une violente fermen-tation qui fe fait dans le fang.

Cet

Cet amour est une espece de maladie qu'on ne peut empêcher, à moins
qu'elle ne soit le fruit de l'intempérance, ou des desirs d'une imagination déréglée, ennemis beaucoup plus
redoutables pour notre bonheur, que
tous les besoins de la nature, si faciles à satisfaire.

Dans cette espece, il en est une
autre sorte. C'est la seule qui mérite
ce nom consacré de tout tems à exprimer le plus grand des plaisirs ; &
qui par-là devroit être respectable à
l'humanité. C'est cette heureuse sympathie (*voyez ce mot*) de deux ames,
qui s'attirent, qui s'unissent & se con-
fondent dans une. Cet amour est fondé sur cette secrete intelligence des
cœurs, par laquelle deux Amans
s'entendent sans le secours de la voix ;
& sur le rapport intime, qui se trouve entre leur façon de penser & de
sentir, rapport heureux, qui est la
véritable cause, qui le fait naître,
union délicieuse, qui fait le charme

B

de la vie ! Un geste, un coup d'œil, un simple regard, le silence même est pour de tels Amans un langage, qui ne trompe jamais; & qui est mille fois plus expressif, que celui de la parole: mais ce n'est pas mon dessein de le peindre en style d'Orateur, je ne dois dans cet Ouvrage en parler qu'en Philosophe; & comme tel, je dirai que l'amour est un bien; mais qu'il devient souvent un mal par l'abus qu'on en fait, & relativement aux personnes & aux préjugés. Il n'y a point de liqueur, quelque pure & salutaire qu'elle soit, qu'un vase infecté de venin n'empoisonne.

L'amour de sympathie a pour but la jouissance des sentimens du cœur; il s'entretient par le commerce de ces mêmes sentimens, & par une confiance mutuelle. Je ne nie pas que le plaisir des sens ne se mêle quelquefois à des sentimens plus délicats; mais ce n'est que d'une maniere accessoire, & point du tout essentielle.

Cela eſt ſi vrai, que l'amour naît ſouvent dans l'enfance, qui ne connoît pas le beſoin du tempérament. Réuniſſez donc deux perſonnes, qui n'en aient point, ce qui n'eſt pas impoſſible; & vous aurez cet *amour Platonique*, qu'on regarde comme une chimere, & qui eſt néanmoins exiſtant.

Cette ſorte d'amour a auſſi une marque certaine, qui le diſtingue de l'autre de la même eſpéce. Bien loin de perdre de la vivacité par la joüiſſance, il acquiert encore un nouveau dégré de force par le ſentiment de reconnoiſſance qui s'y joint; au lieu que l'autre amour, qui n'a point d'autre objet, s'éteint avec cette fermentation du ſang, qui l'a fait naître : plus l'objet de l'amour eſt parfait, & plus ce ſentiment eſt profond & durable.

Voici le portrait de ces deux amours dont je viens de parler.

Certain enfant qu'avec crainte on careſſe,
Et qu'on connoît à ſon malin ſoûris,
Court en tous lieux précédé par les ris :
Mais trop ſouvent ſuivi de la triſteſſe.
Dans le cœur des humains il entre avec
    ſoupleſſe,
Habite avec fierté, s'envole avec mépris.
Il eſt un autre Amour, fils craintif de
    l'Eſtime,
Soûmis dans ſes chagrins, conſtant dans
    ſes déſirs,
Que la vertu ſoûtient, que la candeur
    anime,
Qui réſiſte aux rigueurs, & croît par les
    plaiſirs :
De cet Amour le flambeau peut paroître
Moins éclatant, mais ſes feux ſont plus
    doux.
Voilà le Dieu que mon cœur veut pour
    maître :
Et je ne veux le ſervir que pour vous.

Voltaire.

AMOUR-PROPRE.

L'amour-propre eſt cet amour de nous-mêmes, qui veille continuellement à notre conſervation, & aux ſoins de nous rendre heureux. Cet amour-propre bien entendu, eſt la

ſource de toutes nos vertus. Les Philoſophes l'appellent amour de nous-
mêmes, pour le diſtinguer de cet
amour-propre aveugle, qui fait tout
pour ſoi, & qui produit les vices &
les forfaits, qui regnent ſur la Terre.
Ainſi l'amour-propre étant le principe de toutes nos actions, & faiſant
conſéquemment notre bonheur ou notre malheur, il eſt très-important de
le bien régler : ce qui ne ſe peut faire
que par la connoiſſance de nous-
mêmes & de nos devoirs, & ce que
j'entreprends dans l'eſſai que j'annonce, *ſur les moyens de ſe rendre heureux.*

Les trois grands mobiles de toutes les actions des hommes, *l'amour
de la gloire, l'amour des plaiſirs, l'a-
mour des richeſſes,* ſont les différens
moyens, que l'amour propre emploie
pour parvenir au bonheur.

Deux puiſſances dans l'homme exercent
leur empire ;
L'une eſt pour l'exciter ; l'autre pour le
conduire ;

L'amour-propre dans l'ame enfante le
        desir,
Lui fait fuir la douleur, & chercher le
        plaisir ;
La raison le retient, le guide, le modere,
Calme des passions la fougue téméraire.
L'un & l'autre d'accord, nous donne le
        moyen,
Et d'éviter le mal, & d'arriver au bien.
Bannissez l'amour - propre, écartez ce
        mobile,
L'homme est enseveli dans un repos
        stérile.
Otez-lui la raison, tout son effort est
        vain ;
Il se conduit sans regle ; il agit sans
        dessein ;
Il est tel qu'à la terre une plante attachée,
Qui végete, produit, & périt dessechée ;
Ou tel qu'un météore enflammé dans la
        nuit,
Qui courant au hasard, par lui-même
        est détruit.
L'amour-propre en secret nous remue &
        nous presse,
Et toûjours agité nous agite sans cesse ;
La balance à la main, la raison pese tout,
Compare, réfléchit, délibere & résout.
Par l'objet éloigné la raison peu frappée,
Est d'un bien à venir foiblement occu-
        pée ;

Par le plaisir présent l'amour - propre
    excité
Le désire, & s'y porte avec vivacité.
Tandis que la raison conjecture, examine,
L'amour-propre plus prompt veut & se
    déterminé.
Du penchant naturel les secrets mouve-
    mens
Sont plus fréquens, plus forts que des rai-
    sonnemens.
La raison dans sa marche est prudente
    & timide ;
Le vol de l'amour - propre est ardent &
    rapide.
Mais pour en modérer la vive impulsion,
La raison le combat par la réflexion ;
L'habitude, le tems, les soins, l'expé-
    rience
Répriment l'amour - propre & reglent sa
    puissance.
Qu'un Scholastique vain cherchant à dis-
    courir,
Cache la vérité loin de la découvrir.

Essai sur l'Homme de Pope,
Trad. de l'Abbé du Resnel.

L'AMOUR DE LA PATRIE.

L'amour de la patrie, qui paroît
d'abord si noble dans son prin-

B iv

cipe, n'eſt à le bien examiner qu'un amour-propre déguiſé. On tient à une femme, à des enfans, à des parens, à des amis, à des biens : voilà ce qui attache à la patrie. Un malheureux, qui ne joüit d'aucun de ces avantages, eſt indifférent ſur ce prétendu amour : l'Univers eſt ſa patrie.

ANALYSE.

Il y a deux ſortes d'analyſe, la phyſique & la morale.

L'analyſe phyſique eſt la décompoſition des parties d'une choſe. L'analyſe morale eſt l'examen d'une propoſition ou maxime.

L'analyſe morale eſt le plus ſûr moyen de découvrir la vérité. Elle fait l'office du Lapidaire, qui veut connoître la beauté d'un diamant taillé à facettes ; il les examine chacune ſéparément : de même l'analyſe, en ſéparant chaque terme d'une propoſition, en les éloignant, en les rapprochant, les compare, & découvre enfin le rapport qu'ils ont en-semble, & la vérité, qui réfulte de l'affemblage de toutes ces parties.

ANTIPATHIE.

L'antipathie eft une forte haine, que la nature nous infpire pour cer-tains objets ; haine fondée fur le peu de rapport, que les chofes ont avec nous, & fur le mal qu'elles peuvent nous faire : ou enfin, fur l'idée que nous en avons conçûe. L'antipathie eft un fentiment, qui prévient toute réflexion : c'eft une efpéce d'inftinct, qu'on remarque dans les animaux.

APATHIE.

L'apathie eft un état de tranquil-lité, qu'aucune paffion ne peut trou-bler. Cet état, s'il en eft, eft plûtôt infenfibilité, effet du tempérament, que le fruit des efforts de la raifon ; c'eft la *pierre philofophale* de la mo-rale : & c'eft un grand bonheur pour la fociété ; car fi l'homme pouvoit fe

rendre heureux lui-même, il s'inquié-
teroit fort peu du bonheur des autres : il eſt fait pour l'action, & non
pour la contemplation.

ARROGANCE.

L'arrogance eſt une maniere hau-
taine d'agir, ou de parler, qui annonce des prétenſions. Il eſt ſans
doute des gens, à qui toutes ſortes
d'égards ſont dûs : mais les prétenſions qui les demandent comme une
dette, n'en ſont pas moins ridicules.
L'homme né libre & indépendant
dans ſes volontés, ſe plaît à refuſer
ce qu'on exige de lui , & ce qu'il
auroit accordé ſans peine de ſon propre mouvement.

ARISTOCRATIE.

L'ariſtocratie eſt une eſpece de
gouvernement, dans lequel le pouvoir ſouverain eſt exercé par un certain nombre de perſonnes conſidé-
rables par leur rang & leur naiſſan-

ce, comme le gouvernement des Venitiens & des Genois. Ce gouvernement eſt ſujet à pluſieurs inconvéniens. Les principaux ſont la diviſion entre les chefs, les brigues, la ſéduction, la lenteur dans les délibérations & l'exécution, &c. La plus parfaite ariſtocratie, eſt celle qui s'éloigne le plus du gouvernement monarchique, & qui approche le plus de la démocratie.

ATHÉISME.

L'athéiſme eſt un ſyſtème, qui nie la divinité, & qui attribue tout ce qui exiſte aux différentes modifications de la matiere, qui eſt exiſtante de toute éternité, qui ne périra pas, qui change de forme continuellement, & qui par ces continuels changemens, produit tous ces événemens qui arrivent tous les jours, & que nous attribuons à une intelligence ſuprème.

ATTRAIT. *Voyez* Penchant.

ATTRIBUT.

L'attribut eſt ce qui eſt propre à chaque choſe, & ce qui ſert à la diſtinguer des autres : c'eſt un terme de Philoſophie.

AVARICE.

L'avarice eſt un amour exceſſif des richeſſes. L'avare eſt un fripon, qui détourne un effet, qui doit circuler dans le commerce, & qui par cette circulation porte la fertilité & l'abondance dans la ſociété ; ſemblables à ces vapeurs, que le Soleil attire à lui pour les répandre ſur toute la Terre. Les richeſſes nous font données pour les diſtribuer à ceux qui n'en ont point. C'eſt un dépôt, que la Providence a confié aux Riches. Combien en eſt-il, qui en ſachent faire un bon uſage ?

Avarice. Jetttez les yeux ſur un genie

abhorré, c'est celui de l'insatiable avarice. Ses joues creusées & livides décelent son éternelle soif. Les soucis cuisans y sont tracés. Il ne s'occupe qu'à chercher un lieu sûr pour y déposer son thrésor. Il ne se fie pas à lui-méme. Voyez-le parcourir les Foréts d'un œil attentif. Voyez sa crainte pour son fardeau chéri. Un ombre l'épouvante, un souffle fait trembler. Il craint que sa pensée ne le trahisse. Il est toûjours sa victime & son bourreau.

Brumoy.

AVENIR.

L'avenir est le tems futur. Le désir de connoître l'avenir, est la plus commune & la plus folle des maladies de l'esprit ; car je suppose, qu'on puisse parvenir à cette connoissance, quel en sera le fruit ? Ou l'on peut détourner les évenemens fâcheux, ou on ne le peut pas ; si l'on ne le peut pas, à quoi bon troubler la joüissance du présent ; si au contraire on le peut, ce n'est que par une bonne conduite, & des moyens que la prévoyance doit toûjours employer. Que l'homme soit prudent, juste, tempérant, courageux dans l'adversité, bienfaisant dans la prospérité : & sans être astrologue, je lui prédis un heureux avenir.

> De la fin de nos jours ne soyons point en
> peine,
> C'est un secret, Philis, qui n'est que pour
> les Dieux ;
> Méprisez ces Devins, dont la science
> vaine,
> Se vante follement de lire dans les Cieux.
> Attendons en repos l'ordre des Destinées,
> Prêt à leur obéir à toute heure, en tout
> tems ;
> Soit qu'il nous reste encore un grand nombre d'années,
> Ou qu'enfin nous touchions à nos derniers momens.
> Ne songez qu'aux plaisirs que donne la
> jeunesse,
> Nos jours durent trop peu pour de plus
> grands desseins ;
> Ce tems, cet heureux tems se dérobe sans
> cesse ;
> Et fuit bien loin de moi, tandis que je
> m'en plains.

Profitez en ce jour des douceurs de la
vie,
Songez bien qu'il s'en va pour ne plus
revenir ;
Et qu'après tout, Philis, c'est faire une
folie
De perdre le préſent à chercher l'avenir.

Valincourt.

AUDACE. TÉMÉRITÉ.

L'audace eſt un courage intrépi-
de, qu'inſpire le mépris du danger :
la témérité eſt une fureur brutale,
qui s'y précipite, parce qu'elle ne le
voit pas ; & ſouvent même, parce
qu'elle le craint : l'audace au contraire
voit le péril, le brave, & vole au
devant de lui. Le poltron, que la
fureur & la honte aiguillonnent, devient quelquefois téméraire ; l'homme courageux, que l'honneur ou la
vertu anime, reſſent dans le péril le
plus preſſant des mouvemens d'audace, qui le portent aux grandes
actions : enfin, la témérité n'eſt qu'un
mouvement aveugle & paſſager, l'au-

dace eſt l'effet d'un courage éclairé.
L'audace ſe dit encore de ces diſcours inſolens, de ces manieres hautaines, qu'un inférieur a vis-à-vis de ſes ſupérieurs.

AVERSION.

L'averſion eſt un éloignement que la nature nous inſpire pour les perſonnes, & pour les choſes qui n'ont point de rapport avec nos inclinations, nos goûts, nos ſentimens.

AUSTÉRITÉ.

L'auſtérité eſt une rigidité, une inflexibilité de mœurs, qui inſpire de l'éloignement pour les plaiſirs. Elle prend ſa ſource dans le tempérament mélancolique, ou dans une dévotion outrée, qu'on pourroit appeller ſuperſtition: pour lors elle eſt la marque d'un eſprit foible & peu éclairé. La vertu ne conſiſte pas dans des pratiques auſteres, qui ne font ni bien ni mal à la ſociété: mais l'amour

mour de Dieu & du prochain. La plus aimable, eſt la moins ſuſpecte.

AUTORITÉ.

L'autorité eſt le pouvoir légitime, que les ſupérieurs exercent ſur ceux qui leur ſont ſoûmis.

L'authorité des Souverains eſt le plus ferme appui des Etats. C'eſt à eux à créer des Loix, & à les faire exécuter, pour maintenir l'ordre civil, & procurer le bien public : toute autorité qui s'éloigne de ce but, eſt une tyrannie.

B

BASSESSE.

La baſſeſſe des ſentimens eſt un défaut d'élévation dans l'ame, défaut qui vient d'une éducation négligée, & quelquefois auſſi d'un vice de conſtitution. Les indolens n'ont pas ordinairement beaucoup d'élévation dans les ſentimens, & ſe plongent dans un état de baſſeſſe, qu'on

nomme abjection, dès qu'elle est volontaire.

BEAU.

Le beau peut se réduire à quatre
genres.

Le beau visible, qui affecte le sens
de la vûe.

Le beau moral, qui est du ressort
du cœur.

Le beau dans les ouvrages d'esprit, qui lui appartient.

Le beau musical, qui flatte l'oreille.

Le beau visible est un accord, qui
résulte des proportions que la nature
ou l'art a mises dans ses productions :
il consiste dans la variété réduite à
l'unité.

Le beau moral est le rapport des
actions de l'homme, avec la fin pour
laquelle il est né : il consiste dans l'a-
mour du bien public, & de l'ordre
civil.

Le beau dans les ouvrages d'esprit,
se divise en beau essentiel, en beau
naturel, en beau arbitraire.

Le beau essentiel consiste dans l'hon-nêteté & la vérité unies à la clarté.

Le beau naturel consiste dans les images, dans les sentimens, dans les mouvemens. Les images doivent ren-fermer le grand & le gracieux, ou du moins l'un des deux : les sentimens, le noble, le fin, le délicat : les mou-vemens, le fort & le tendre ; c'est aussi ce qu'on appelle le pathétique.

Le beau arbitraire consiste dans le goût propre à chaque nation.

Le beau musical consiste dans la mélodie, ou l'harmonie.

Tel est le rapport étonnant, qui se trouve entre les Arts, les Sciences & les Mœurs : le goût du beau con-duit au goût du bon & de l'hon-nête.

BEAUTÉ.

La beauté du corps consiste dans l'exactitude des proportions de tou-tes ses parties ; celle du visage con-siste dans la régularité & la finesse des traits, dans la fraîcheur & l'éclat du tein.

La beauté eſt le plus brillant des dons, que nous recevons de la na-ture; elle prévient en notre faveur, elle fait valoir les qualités ſolides, elle donne de l'éclat aux vertus : mais ſans elle, elle ne ſert qu'à expoſer nos défauts à un plus grand jour.

Je ceſſe de m'étonner, que les hommes la mettent à un ſi haut prix, lorſque je conſidere les avantages qu'elle procure à ceux qui en jouïſ-ſent. La beauté attire l'amour & la vénération des hommes; elle force, elle entraîne les cœurs par une douce violence; elle adoucit les mœurs, elle déſarme la valeur brutale & féroce: ſa vûe nous remplit d'une ſatisfac-tion, qui tient de l'enchantement; & le déſir de lui plaire, eſt le plus vif aiguillon de la vertu; il éleve l'ame & la porte aux grandes actions. Mais d'un autre côté, lorſqu'on enviſage les dangers auxquels elle expoſe, on est tenté de la regarder comme le plus grand des maux. Elle excite l'envie, les perfécutions, les folles amours ; elle bannit la raifon, ab-forbe l'ame, & la remplit de trouble & d'agitation. D'ailleurs elle dure peu ; & fa perte caufe des regrets plus douloureux, plus fenfibles, que fa joüiffance n'a procuré de plaifirs.

Que conclurre de tout ce que je viens de dire ? que la beauté n'eft pas un bien réel & indépendant, qu'elle ne mérite pas notre attache-ment, & que nous ne devons l'efti-mer qu'autant qu'elle fert d'orne-ment à la vertu.

BESOIN.

Le befoin eft un appétit fecret, un avertiffement de la nature, qui nous fait fentir la privation de ce qui nous manque, & nous porte à en rechercher la joüiffance. Le befoin qu'on fatisfait devient un plaifir : le befoin, qu'on ne peut fatisfaire, eft

C iij

une peine: les befoins, auxquels on accorde plus qu'ils ne demandent, font naître les dégoûts & la fatiété. Il faut bien peu de chofes pour fatisfaire les befoins de la nature, qui fe bornent à boire, à manger ; & à réparer par le fommeil la perte des efprits, qu'on a diffipés par l'exercice, & procurer aux fens par ce moyen un repos, qui les délaffe en relâchant la tenfion des fibres.

Le befoin ne s'entend pas feulement du néceffaire, il s'entend auffi du fuperflu : tout ce que la cupidité défire avec paffion, eft un befoin.

Le grand art de faire fervir les befoins à notre bonheur, eft de leur laiffer toujours quelque chofe à défirer.

Befoins. Depuis l'ufage plus commun des délices, dit le Pere *Brumoy*, il eft mille chofes dont la nature ne peut fe paffer fans regret. Oui certes, je le vois ; les befoins fe font accrus avec le luxe. Ofez toutefois tromper vos vœux trop affamés : du

moins n'en souffrez point de nouveaux.
Dérobez-leur tout ce que vous pourrez;
les débris sur-tout de la joie & de la liberté, il en est tems encore. N'attendez-
pas que votre cœur soit entraîné par de si
fougueux coursiers.

BIENS.

Nous ne devrions regarder comme bien réel & indépendant, que
ce qui peut contribuer à notre bonheur ; & pour lors, il n'y auroit de
véritable bien que la vertu, puisqu'elle seule peut nous rendre heureux, tous les autres étant relatifs,
& ne devenant bien ou mal, que par
l'usage qu'on en fait : mais nous
entendons par ce terme, tout ce qui
sert à augmenter nos plaisirs, & à
diminuer nos peines. Parmi ces biens,
il y en a qui dépendent de nous, &
d'autres qui n'en dépendent pas :
nous devons nous efforcer d'acquérir les uns & les autres, mais ne pas
trop compter sur les derniers.

Les biens qui dépendent de nous,

ſont nos opinions, d'où naiſſent nos inclinations & nos averſions, ſource de nos paſſions, de nos vices & de nos vertus.

Ceux qui ne dépendent pas de nous, ſont la ſanté, les richeſſes, la réputation, les talens, les dignités, les honneurs, la beauté, &c.

Voici les ſentimens des anciens Philoſophes ſur le *ſouverain bien*.

Epicure le faiſoit conſiſter dans le ſentiment du plaiſir, & le ſouverain mal dans le ſentiment de la douleur. Son ſyſtème a toujours été mal expliqué, par tous ceux qui ſe ſont mêlés de parler de ſa doctrine. Il me ſemble, que pour bien l'entendre, & pour pouvoir l'expliquer, il falloit examiner la conduite d'Epicure, qui vivoit ſelon ſes principes. On auroit vû en ſuivant toutes ſes actions, qu'il ne bornoit pas ſes plaiſirs à ceux des ſens. Il en diſtinguoit de trois ſortes, les *plaiſirs du cœur*, les *plaiſirs de l'eſprit*, & les *plaiſirs des ſens*; &

il pofoit pour principe fondamental
de fa doctrine, que tout plaifir, qui
eft fuivi de peines, de regrets, de repentir, eft un plaifir faux ; & qu'enfin dans le choix des plaifirs, il falloit plûtôt confulter la raifon, qu'é-
couter le témoignage des fens, qui
pouvoient nous tromper quelquefois,
furtout dans le cas de la maladie. A
l'égard de la douleur, il ne la regardoit comme le fouverain mal, que
lorfqu'elle étoit fans efpérance ; encore prétendoit - il qu'on pouvoit
l'adoucir par les fentimens du cœur,
& les fatisfactions de l'efprit. C'eft
ce qui arriva à ce Philofophe, qui
foutint la mort avec une tranquillité
& un courage, qui étonnerent l'am-
bitieufe fermeté des Stoïciens.

Les difciples de *Zenon* oppofés aux
Epicuriens, le faifoient confifter dans
la vertu, & nioient que la douleur
fût un mal. Ils n'accordoient rien aux
befoins de la nature, & ne faifoient
pas affez attention, que nous fommes

compofés d'un corps, auffi bien que d'une ame. La vertu eft fans doute néceffaire au bonheur ; elle nous procure une fatisfaction conftante , préférable à tout : mais elle ne fuffit pas. Sans la fanté & le goût des autres plaifirs, nous ne pouvons être parfaitement heureux.

Les *Péripatéticiens* plus raifonnables que les Stoïciens, concevoient qu'il falloit accorder quelque chofe aux befoins du corps. Ils regardoient comme des biens réels, la fanté, les richeffes , la réputation ; & comme des maux réels, la maladie, la pauvreté, l'ignominie ; & en cela ils fe trompoient : les richeffes & la réputation ne font que des biens d'opinion ; il n'y a que la fanté de bien réel, & que la maladie de mal effectif.

Tant que nous refpirons, l'opinion flatteufe,
A charmer nos ennuis toûjours ingénieufe,
Dore par fes rayons les nuages charmans

Qui versent sur nos jours de trompeurs
    agrémens.
Satisfait de ses gouts, content de sa
    science,
Chacun a pour soi-même un œil de
    complaisance.
Feuilletant nuit & jour des volumes
    poudreux,
Dans un réduit obscur le savant est
    heureux ;
L'ignorant, affranchi d'un travail si péni-
    ble,
Dans un lâche repos trouve un plaisir
    sensible.
Regardant l'avenir avec tranquillité,
Le riche de son bien fait sa félicité.
Rassûré par des soins que prend la Pro-
    vidence,
Le pauvre vit content malgré son indi-
    gence.
Voi l'aveugle danser ; se plaint-il que
    ses yeux
Soient pour jamais fermés à la clarté des
    Cieux ?
Voi le boiteux qui chante ; en est-il
    moins tranquille,
Quoiqu'à former des pas son pié soit
    moins agile ?
Dans les vapeurs du vin le mendiant est
    Roi ;

Et le fot en tout tems vit fatisfait de foi.
Le Chymifte, ébloüi de l'or qu'il voit en
    fonge,
Prend pour réalité ce qui n'eft qu'un
    menfonge.
Et même en déplorant fon deftin rigou-
    reux,
Dans le fein de fa Mufe un Poëte eft heu-
    reux.
Par tout où du bonheur on regrette l'ab-
    fence,
Ne voit-on pas voler la facile efpérance ?
Du fecourable orgueil les foins compatif-
    fans
Manquent-ils de remplir le vuide du bon
    fens ?
La fubite lueur de la raifon févere,
Vient-elle diffiper un aimable chimere ;
Vient-elle nous priver d'un plaifir impôf-
    teur :
Un autre au même inftant renaît dans
    notre cœur.
Eft-il deftin fi trifte, état fi miférable,
Que le fecours du tems ne rende fuppor-
    table ?
Regardez des humains le grand confola-
    teur,
L'orgueil, leur préfenter fon fecours en-
    chanteur.
Voyez la paffion convenable à chaque
    âge,

Pour régner fur nos cœurs nous attendre
au paffage.
L'efpérance eft conftante à marcher fur
nos pas,
Sans même nous quitter à l'heure du tré-
pas.
N'offre-t'elle à nos yeux qu'une confufe
image
Du bonheur que le Ciel nous deftine en
partage;
Cet objet confolant nous occupe toû-
jours,
Et répand des douceurs fur nos plus triftes
jours.
Notre ame en fes defirs inquiete, égarée,
Par les liens du corps triftement refferrée,
Dans un doux avenir fe repofe, s'étend,
Et joüit en effet du bonheur qu'elle at-
tend.
Dans les biens & les maux que le Ciel
nous difpenfe,
Reconnoi fa bonté, fa jufte Providence.
Nos vices, nos défauts, l'orgueil, la vanité,
Tournent fouvent au bien de la fociété.
Cet amour naturel qu'on reffent pour
foi-même,
N'eft-il pas un préfent de la bonté fu-
prème?
Par les divers befoins que l'homme
éprouve en lui,
Il mefure, prévoit, foulage ceux d'au-
trui.

Adore donc le Ciel, supporte ta foiblesse,
Et jusqu'en ta folie admire sa sagesse.

Pope.

BIENFAISANCE. BIENVEILLANCE.

La bienveillance est le désir de faire du bien; la bienfaisance en est l'accomplissement, ou plûtôt c'est l'action même. Ce sont deux vertus, qui naissent de l'amour de l'humanité, & qui devroient être inséparables : mais par malheur, elles sont souvent désunies. Combien voit-on de personnes, qui pensent beaucoup faire, lorsqu'ils s'en tiennent à la bienveillance ! C'est sans doute un sentiment, que tout homme doit être flaté d'inspirer : mais il coûte si peu, qu'il n'est pas bien méritoire. C'est de la difficulté, que la vertu tire son éclat; & c'est par les efforts qu'elle fait, qu'elle mérite des récompenses.

BIENSÉANCE.

La bienséance est la convenance

des difcours, ou des actions, avec le rapport qu'ils ont aux perfonnes, à l'âge, au fexe, aux tems & aux lieux fuivant les ufages & les égards établis dans la fociété.

La bienféance n'eft que le mafque de la vertu ; elle fait parade des fentimens qu'elle n'a pas, & cache avec foin fes défauts réels.

BISARRERIE.

La bifarrerie eft le goût des chofes fingulieres ; elle eft la marque d'un efprit faux. Elle prend auffi quelquefois fa fource dans l'amour-propre, dans le défir de fe diftinguer à quelque prix que ce foit.

BONHEUR.

Le bonheur eft un état conftant de plaifirs ; il confifte dans la fanté, la paix du cœur, & la tranquillité de l'efprit. La paix du cœur & la tranquillité de l'efprit, s'acquierent & fe confervent par l'exercice de la vertu ;

la santé s'entretient par la tempérance. Ainsi le bonheur est en nous, &
dépend de nous en partie ; car quoique la santé n'en dépende pas ab-
solument, il faut cependant convenir qu'elle en dépend à certains
égards : d'ailleurs, elle n'est pas essen-
tiellement nécessaire au bonheur,
puisqu'on voit toûs les jours des gens,
qui sont privés de ce bien, & qui
cependant sont heureux ; mais beaucoup moins sans doute que ceux qui,
à la même quantité de bonheur,
réuniroient encore cet avantage, qui
rend la joüissance des autres biens
plus sensible.

Ce ne sont pas les raisonnemens,
dit Marc Aurele, *ce ne sont pas les*
richesses, la gloire, ni les plaisirs qui
rendent l'homme heureux, ce sont ses
actions. Pour les faire bonnes, il faut
connoître le bien & le mal ; il faut sa-
voir pourquoi l'homme est né, & quels
sont ses devoirs ; ainsi, ajoûte-t'il, le
moyen de parvenir au bonheur, est un
bon

ton esprit. *Que fais-tu donc ici , imagination ? Va-t'en , au nom des Dieux, je n'ai nul besoin de toi. Tu es venue selon ton ancienne coûtume , je ne m'en fâche point , va-t'en seulement , je t'en conjure.* Et dans un autre endroit , il ajoûte : *A quelque heure que la mort vienne, elle me trouvera toûjours heureux. Etre heureux, c'est se faire une bonne fortune à soi-même. & la bonne fortune , ce sont les bonnes dispositions de l'ame , les bons mouvemens , les bonnes actions.*

Le bonheur est donc inséparable de la vertu : on peut à la vérité avoir sans elle des plaisirs passagers, si la dissipation , & des amusemens frivoles, qui traînent à leur suite l'ennui , le dégoût & le repentir, méritent un si beau nom. Au reste, *la poursuite du bonheur,* dit le Spectateur Anglois, *est toûjours accompagnée de quelqu'inquiétude , dont un homme qui se borne à des repas modérés , qui joüit de la conversation de ses amis , & d'un som-*

D

meil doux & paifible ; ne s'embarraffe gueres. Pendant que les efprits fubli-mes parlent du bonheur & de la tran-quillité , c'eft lui feul qui les poffede.

Le bonheur eft entre l'indifférence & la paffion.

BONNE FOI.

La bonne foi eft une fidélité fans défiance & fans artifice.

BON SENS.

Le bon fens eft la maniere d'envi-fager les chofes, par le rapport qu'el-les ont à notre utilité. Cette qualité demande la jufteffe dans l'efprit, & une certaine modération dans l'ame, qui annonce ordinairement la mé-diocrité de l'efprit & des talens ; on fait affez peu de cas du bon fens, parce qu'il n'eft utile qu'à celui qui le poffede, & que les hommes pré-ferent des défauts brillans, dont ils tirent avantage, à des qualités foli-des, qui ne leur font d'aucune utilité.

Bon.

Le bon n'est autre chose que l'utile. On dit des mœurs qu'elles sont bonnes, quand elles tendent au bien public ; on en dit autant des choses, lorsqu'elles sont commodes & utiles.

Le bon renferme de plus une idée de perfection.

Bonté.

La bonté du cœur est une disposition qui nous porte à faire du bien, & à en rechercher l'occasion ; elle diffère de la bienveillance, en ce qu'elle est d'une signification plus générale, & que la bienveillance a un objet particulier : l'une est la cause, & l'autre l'effet.

Bravoure.

La bravoure est une fermeté d'ame, qui s'expose au danger par honneur, ou par devoir, plûtôt que par cette ardeur impatiente, qu'on nomme courage. Elle differe de ce dernier, en ce que l'une eſt le fruit de la réflexion, & l'autre l'effet du tempérament : on devient brave, on naît courageux.

La bravoure eſt plus éclairée que le courage. Le courage plus impétueux, réſiſte plus long-tems aux obſtacles & aux périls.

BRUTALITÉ.

La brutalité eſt une ardeur aveugle & impétueuſe, qui trouble le jugement & rend l'homme ſemblable aux bêtes féroces. C'eſt un vice du tempérament, qui vient de la quantité & de la mauvaiſe qualité des humeurs. Elle renferme l'idée de la force, jointe à la méchanceté. L'homme brutal n'agit que par un premier mouvement, & jamais par réflexion.

Cette malheureuſe diſpoſition ſe corrige un peu par l'éducation, & l'habitude de raiſonner, qui affoiblit infenfiblement les paffions contraires au bonheur.

BUT.

Le but eft le terme, où nous voulons arriver.

De la façon dont les hommes fe conduifent la plûpart du tems, on croiroit que tout leur eft indifférent. Guidés par le caprice, ou par l'humeur, ils agiffent fans but & fans deffein : on peut les comparer à des voyageurs égarés, qui vont toûjours fans favoir où ils arriveront. Ils errent çà & là ; & après bien des courfes, ils fe retrouvent au point d'où ils étoient partis. Mais le fage ne fait pas un pas, qui puiffe le détourner du but qu'il s'eft propofé, & fans avoir auparavant examiné les moyens qui peuvent l'y conduire.

L'honnête homme doit avoir pour but dans le commerce de la vie, de fe faire aimer & eftimer : on fe fait aimer par les qualités aimables ; on fe fait estimer par le mérite réel, & les procédés essentiels.

C

CANDEUR.

La candeur est une disposition à la franchise. Elle naît de l'amour de la vérité, & se peint dans les dis-cours, dans le silence même, dans les actions, sur le front, dans les yeux, dans le ton de voix : & enfin, jusques dans les gestes qui échappent.

Cette disposition, qui rend la jeunesse si séduisante, s'efface par le commerce du monde, qui rend quelquefois la dissimulation nécessaire.

CAPRICES. *Voyez* Inégalité.

CARACTERE.

Le caractere est la marque qui distingue les hommes les uns des au-tres. Il est composé du mélange des qualités du cœur, de l'esprit, & de l'humeur dominante qui conſtitue le tempérament.

Ces trois choſes ſont ſuſceptibles d'une infinité de combinaiſons ; ce qui fait que les caraĉteres ſont auſſi différens que les phyſionomies, qui ne ſont que l'aſſemblage de certains traits.

CERTITUDE.

On admet en Philoſophie trois ſortes de certitude ; ſavoir, la certitude phyſique, la certitude métaphyſique, & la certitude morale.

La certitude métaphyſique eſt un ferme conſentement que l'eſprit donne à une propoſition, qui ne peut être autrement qu'on la conçoit.

La certitude phyſique eſt un ferme conſentement que l'eſprit donne à une propoſition, qui peut n'être pas telle qu'on la conçoit, mais qui cependant paroît évidente.

La certitude morale eſt un ferme conſentement, que l'eſprit donne à

D iv

une propofition, de laquelle on ne peut pas douter felon les mœurs, quoiqu'elle puiffe être autrement qu'on la conçoit : par exemple, on doit croire ce qui eft affûré par plufieurs perfonnes.

Toutes ces efpeces de certitude ont différens dégrés de force fur l'efprit. La certitude phyfique eft plus forte que la certitude morale, & la certitude morale l'eft plus que la certitude métaphyfique. Je fuis plus affûré de l'exiftence d'une chofe que je vois, que de celle que plufieurs perfonnes me racontent, je crois plus fermement que j'ai un corps qu'une ame, &c.

CHAGRIN.

Le chagrin eft l'effet de la trifteffe. *Voyez* Trifteffe.

CHASTETÉ.

La chafteté eft une vertu morale, qui confifte à ne rien dire, & à ne

rien faire, qui puiſſe bleſſer la pudeur & la fidélité conjugale.

CIRCONSPECTION.

La circonſpection eſt une retenue,
que nous apportons dans le jugement que nous portons des actions
des hommes. Pour en bien juger, il
faudroit en connoître le motif ; &
c'eſt ce dont nous ne pouvons jamais
nous flater : c'eſt pourquoi nous ne
pouvons être trop circonſpects, lorſqu'il s'agit de loüer, ou de blâmer
quelqu'un ſur de ſimples apparences.
La circonſpection a une ſignification
plus étendue. *Voyez* Devoirs.

CLÉMENCE.

La clémence qui porte à l'oubli des
offenſes, & au pardon des crimes, eſt
la vertu des Rois. Elle prend ſa ſource dans l'amour de l'humanité.

C'eſt la plus brillante des vertus,
& celle qui rend l'homme le plus
ſemblable à la divinité : heureuſes les

Puissances de la Terre, qui la chérissent & qui la pratiquent !

Une clémence aveugle & sans bornes, est aussi dangereuse dans un état, qu'une trop grande sévérité : si elle fait l'éloge du cœur, elle fait en même-tems la censure de l'esprit.

CLERGÉ.

Le Clergé est le premier ordre d'un Etat. Comme Ministres & dépositaires de la Religion, les Ecclésiastiques méritent le respect du Peuple, & les égards des Souverains ; comme sujets, ils doivent contribuer aux besoins de l'Etat, qui leur procure, comme aux autres Citoyens, la tranquillité & la sûreté.

CLIMAT.

Le climat est l'étendue renfermée entre deux cercles paralelles à l'équateur. Il sert à marquer la différence des saisons & de la température de l'air.

Il eſt étonnant combien le climat influe ſur les mœurs : c'eſt une des premieres cauſes de la diverſité prodigieuſe, que nous remarquons dans les Nations.

Cœur.

Le cœur eſt l'ame conſidérée par ſa faculté de ſentir.

L'empire du cœur s'étend ſur l'honneur ou l'amour d'une bonne réputation, ſur la fortune ou les beſoins & les commodités de la vie, ſur les objets de la charité, qui renferment la compaſſion, la bienveillance, & la bienfaiſance, ſur les droits de la parenté, ſur ceux de l'amitié, qui nous fait partager la peine ou le plaiſir d'un ami, & enfin ſur tous nos devoirs. *Voyez* Devoirs.

Les qualités du cœur ſont infiniment préférables à celles de l'eſprit. L'eſprit frappe, étonne, éblouit & fatigue à la fin ſes propres admirateurs : mais le cœur attache, touche, intéreſſe par le charme du ſentiment,

& nous concilie l'eſtime & l'amitié des hommes. *Voyez* Qualités.

COLERE.

La colere eſt un vif ſentiment de haine, auquel ſe joint un déſir de vengeance : c'eſt une paſſion qui naît ſouvent du tempérament, & toûjours de l'amour-propre offenſé.

Elle n'éclate pas toûjours par l'emportement & les menaces ; elle demeure quelquefois renfermée, & n'en eſt alors que plus dangereuſe.

Eſt-on Héros pour avoir mis aux chaînes
Un peuple ou deux ? Tibere eut cet
    honneur.
Eſt-on Héros en ſignalant ſes haînes
Par la vengeançe ? Octave eut ce bonheur.
Eſt-on Héros en régnant par la peur ?
Séjan fit tout trembler, juſqu'à ſon Maître.
Mais de ſon ire éteindre le ſalpêtre,
Savoir ſe vaincre & réprimer les flots
De ſon orgueil, c'eſt ce que j'appelle être
Grand par ſoi-même ; & voilà mon Héros.

Rouſſeau.

COMMERCE.

Le commerce eſt l'échange de certains effets avec d'autres, ſoit en argent, ou en marchandiſes.

Le commerce, après l'agriculture,
eſt l'objet qui mérite le plus l'attention du miniſtere. C'eſt un moyen
ſûr de procurer l'abondance, & de
rendre un état redoutable à ſes voiſins, par le ſecours qu'il lui fournit.
Cependant il faut prendre garde,
que l'eſprit de commerce ne détruiſe
pas l'eſprit militaire, qui en eſt le plus
ferme ſoûtien, & n'introduiſe pas
un trop grand luxe : car on a beau
dire, que le luxe enrichit un grand
état ; inſenſiblement auſſi il corrompt
les mœurs, & entraîne avec elles la
ruine totale des Citoyens. Le luxe
amollit le courage, réveille l'ambition, excite aux plus grands crimes,
& produit tous les jous plus de maux,
qu'il ne ſera jamais de bien.

COMMISÉRATION.

La commisération est un attendrissement de l'ame à la vûe des besoins & des maux qu'éprouvent les misérables; elle diffère de la compassion, en ce qu'elle s'étend aux peines du corps, & la compassion aux afflictions de l'esprit.

COMPASSION. *Voyez* Commisération.

COMPLAISANCE.

La complaisance est une condescendance à la volonté des autres. Souvent c'est le désir de plaire qui nous la donne; quelquefois c'est l'effet de la douceur & d'un heureux tempérament; la complaisance vient aussi de la foiblesse d'esprit, & annonce un homme incapable de penser par lui-même, & qui reçoit avidement toutes les impressions qu'on lui donne: ces sortes de caracteres font insipides dans le commerce de la société.

COMPLEXION. *Voyez* Conformation.

CONCEPTION.

La conception eſt un acte de l'intelligence, qui apperçoit & diſtingue les choſes qu'on lui préſente. *Voyez* Intelligence.

CONCUPISCENCE.

La concupiſcence eſt le déſir de la chair. Elle vient ſouvent du déréglement de l'imagination, plûtôt que du tempérament. Cette paſſion abſorbe l'ame, & la rend incapable de connoître la vérité; elle a été ſouvent la ſource des plus grands crimes. Mais auſſi c'eſt elle qui conſerve la ſociété, & qui répare les ravages de la mort; tant il eſt vrai de dire, qu'il n'y a point de vices, qui ne produiſent quelque bien à la ſociété; ils ne font tort qu'à ceux qui les ont.

La concupiſcence par elle-même, n'eſt ni vice, ni vertu : mais, ſelon ſon objet, elle produit l'un ou l'autre.

CONDUITE.

La conduite eſt la maniere d'agir. La bonne conduite eſt la maniere de régler ſes actions ſur la fin pour laquelle l'homme eſt né. C'eſt le jugement qui la donne : ainſi il eſt très-utile de s'accoûtumer de bonne heure à le former, & de ſe faire des principes, qui puiſſent nous ſervir de guides ; car la choſe la plus importante à l'homme eſt une bonne conduite : c'eſt ſur ſes actions qu'on le juge. L'eſprit, les talens, le génie, la beauté, n'ont pas des charmes aſſez puiſſans pour effacer les impreſſions déſavantageuſes, que laiſſe une mauvaiſe conduite. J'en pourrois citer des exemples frappans ; mais chacun en a ſous ſes yeux.

CONFORMATION.

CONFORMATION. COMPLEXION.
CONSTITUTION. ORGANISATION.

TEMPÉRAMENT.

Tous ces termes sont faits pour établir la différence qu'on remarque parmi les hommes, avec cette modification : la conformation a du rapport à l'arrangement extérieur des parties ; la complexion à l'accord qui en réfulte ; la conftitution à la difpofition originelle & fondamentale qui forme la nature ; l'organifation aux opérations de l'efprit, qui dépendent de la nature & de l'arrangement des organes : à l'égard du tempérament, c'eft l'effet de la conftitution. *Voyez* Tempérament. La conformation eft auffi relative à la beauté, ou à la laideur ; la complexion eft un terme de Medecine ; la conftitution eft d'un ufage plus général ; & l'organifation ne s'employe que lorfqu'il eft queftion de Phyfique.

E

CONTEMPLATION.

La contemplation est l'examen des objets sensibles, & des idées abstraites & composées.

La contemplation, qui a pour objet la connoissance de l'homme, & des choses utiles à la société, nous conduit à la vertu. Celle qui recherche les causes premieres des effets de la nature, & qui n'a pour but que la satisfaction d'une vaine curiosité, est plus condamnable, que digne d'éloges. L'homme doit se souvenir, qu'il est né pour l'action, que les contemplations trop longues & trop fréquentes l'en détournent ; & qu'enfin il en est puni pár une certaine humeur sombre & noire, qu'on contracte dans une étude trop opiniâtre, & qui nous donne de l'éloignement pour la société. Tel est le sort qu'entraîne l'abus des meilleures choses : la peine suit toûjours la faute.

Le Tout-puissant créa les sages

Pour profiter de ses Ouvrages,
Et non pour les examiner.

Rousseau.

CONFIANCE.

La confiance est une certaine assûrance dans ce que l'on dit, & ce que
l'on fait : elle suppose beaucoup de
connoissances; cependant on voit communément, que les gens les plus con-
fians, sont ceux qui ont le moins de
lumieres : c'est qu'ils sont comme les
enfans, qui ne connoissent pas le
danger. La confiance est nécessaire
dans le commerce de la société ; elle
chasse la timidité, & fait paroître
l'homme avec tous ses avantages. Si
elle est poussée trop loin, elle devient
suffisance, présomption. La confiance
en la miséricorde de Dieu, est une vertu chrétienne ; la confiance dans nos
bonnes œuvres, est un vice de l'orgueil.

La confiance que nous avons dans
les personnes que nous estimons, est
le plus doux charme de l'amitié : mais

elle a ſes périls ; & avant de s'y livrer , il faut bien connoître ſi ceux
qui nous l'inſpirent en ſont dignes.

CONNOISSANCE.

La connoiſſance d'un art, eſt la
collection d'une certaine quantité de
principes, qui n'ont pas aſſez de certitude, pour mériter le nom de *ſcience*.

On ſe ſert auſſi quelquefois du
terme de *connoiſſance*, pour celui de
notion, & dans cette acception, on
peut dire : Combien de gens voit-on
tous les jours, qui, pour avoir de
légeres connoiſſances ſur beaucoup de
choſes, croyent poſſéder la ſcience
univerſelle !

La connoiſſance de l'homme s'acquiert par la phyſique.

CONQUESTES.

L'eſprit de conquêtes eſt un déſir
violent de la gloire, qui entraîne infailliblement la ruine d'un état. Tandis qu'un Prince eſt occupé au-de-

hors, les Loix font fans vigueur ; les crimes, les mauvaifes actions ne font pas punis ; l'Etat s'épuife d'argent & d'hommes.

Les conquêtes font toûjours plus faciles à faire qu'à conferver, & coûtent plus qu'elles ne rapportent, à moins qu'on ne veuille compter pour rien le fang qu'elles font répandre : mais ces maximes ne font que pour les tyrans, pour ces monftres de l'humanité, qui, du throne de l'orgueil, daignent à peine laiffer tomber un regard fur des fujets qu'ils regardent comme de vils inftrumens propres à fatisfaire leurs paffions effrénées.

Quel eft donc le Héros folide
Dont la gloire ne foit qu'à lui ?
C'eft un Roi que l'équité guide,
Et dont les vertus font l'appui.
Qui, prenant Titus pous modele,
Du bonheur d'un Peuple fidele
Fait le plus cher de fes fouhaits ;
Qui fuit la baffe flaterie ;
Et qui, Pere de la Patrie,
Compte fes jours par fes bienfaits.

E iij

L'effort d'une vertu commune
Suffit pour faire un conquérant ;
Celui qui dompte la Fortune
Mérite seul le nom de Grand ;
Il perd sa volage assistance,
Sans rien perdre de la constance
Dont il vit ses honneurs accrus ;
Et sa grande ame ne s'altere
Ni des triomphes de Tibere,
Ni des disgraces de Varus.

La joie imprudente & légere
Chez lui ne trouve point d'accès ;
Et sa crainte active modere
L'ivresse des heureux succès.
Si la Fortune le traverse,
Sa constante vertu s'exerce
Dans ces obstacles passagers.
Le bonheur peut avoir son terme ;
Mais la sagesse est toûjours ferme,
Et les Destins toûjours légers.

Rousseau.

CONSCIENCE,

La conscience est le jugement que nous portons de nos sentimens & de nos propres actions, suivant le rapport qu'elles ont avec la morale. C'est la connoissance de l'homme & de ses

devoirs, qui forme la bonne confcience.

Les fautes les plus condamnables,
font celles que l'on commet contre fa
confcience.

L'honnête-homme ne doit s'en rapporter
qu'à lui ;
Il fe juge lui-même, & jamais par autrui :
Si-tôt qu'il fe condamne, on ne fauroit
l'abfoudre.

La Chauffée.

CONSEIL.

Si l'homme pouvoit tout favoir &
tout connoître, il n'auroit pas befoin
de confeil : mais parce que fouvent l'a-
mour-propre l'aveugle fur fes véritables intérêts, il eft obligé d'avoir
recours aux perfonnes, qui font plus
inftruites que lui. Le confeil d'un ami
prudent & éclairé, eft un des plus
grands biens de la vie.

Si les confeils font utiles aux particuliers, ils deviennent bien plus néceffaires pour ceux, que la divinité

a commis au bonheur & à la conduite des hommes.

Pour former un bon Conseil d'Etat, il faudroit qu'il fût composé de Citoyens vertueux, expérimentés, exempts de préjugés & de paſſions, & animés de l'amour du bien public. Quand en trouvera-t'on de ſemblable ? lorſque les hommes deviendront des intelligences céleſtes, quand ils pourront réunir aux préceptes de la raiſon, les ſages maximes de la Religion.

CONSENTEMENT.

Le conſentement eſt l'effet de la croyance. *Voyez ce mot.* Il ſe meſure au dégré de probabilité, ou d'évidence.

CONSÉQUENCE.

La conſéquence d'un raiſonnement, eſt ce qui ſuit naturellement de la comparaiſon que l'on fait des choſes, & du rapport qu'elles ont entre elles.

CONSTANCE.

La constance est une fermeté d'ame, supérieure aux obstacles, & aux revers. *Voyez* Persévérance.

CONSTERNATION.

La consternation est une tristesse subite, un abattement soudain que l'ame éprouve à la vûe d'un accident fâcheux & inattendu. La consternation naît de la surprise.

CONSTITUTION. *Voyez* Conformation.

CONTENTEMENT. SATISFACTION.

Le contentement est un état de tranquillité que l'ame éprouve, lorsqu'elle ne désire plus, & qu'elle a obtenu ce qu'elle désiroit. La satisfaction est un sentiment de plaisir, que procure la joüissance. Le contentement appartient à l'ame, la satisfaction aux sens. L'une est passagere,

& l'autre plus conftant : la fatisfaction a ce qu'elle défiroit, le contentement ne défire plus rien.

Le contentement de l'efprit eft le thréfor du fage : c'eft le témoignage intérieur d'une bonne confcience qui le procure. Il naît de la modération de nos défirs, & de l'accompliffement de nos devoirs.

CONTINENCE.

La continence eft une modération dans l'ufage des plaifirs. C'eft une vertu morale, qui ne donne aux befoins de la nature, précifément que ce qu'il leur faut pour les fatisfaire.

Ce mot s'entend auffi fouvent de la privation volontaire des plaifirs, & pour lors c'eft une vertu chrétienne.

CONTRADICTION.

La contradiction eft une oppofition aux fentimens des autres. L'efprit de contradiction eft le défaut le

plus infupportable dans le commerce
de la fociété. Il vient de l'humeur,
& marque ordinairement une éducation négligée.

CONVERSATION.

La converfation eft la communi-
cation de nos penfées, & de nos fentimens. C'eft le charme le plus puiffant, pour adoucir nos chagrins &
nos ennuis, lorfqu'elle eft fondée fur
une confiance réciproque : mais c'eft
l'écueil le plus dangereux pour l'innocence, quand elle eft infpirée par la
malignité, la médifance & l'obfcé-
nité.

L'efprit de converfation confifte
principalement dans l'attention, la
douceur, l'enjouement & la vivacité.

CONVICTION.

La conviction eft la connoiffance
certaine de la vérité, connoiffance
fondée fur l'évidence & le raifonnement. *Voyez* Perfuafion.

COQUETTERIE.

La coquetterie est un art de plaire, qui nous prévient par des attentions recherchées, par des discours obligeans & flateurs, & par l'étalage de tout ce qu'elle possede d'avantages. Elle a ordinairement un mauvais but. La vertu simple & sans fard fuit tout ce qui sent l'art & le manége ; elle plaît par un mérite solide : mais la frivolité & le mérite superficiel ont recours à la coquetterie, qui sert souvent à cacher des défauts insupportables.

CORPS.

Le corps est cette substance étendue, qui compose la seconde partie de nous-même. Si nous n'étions que des substances spirituelles, nous pourrions ne nous occuper, que de ce qui regarde l'esprit : mais les besoins de la nature nous font continuellement sentir la nécessité de prendre soin de nos corps.

Le corps eſt l'agent de l'ame :
ainſi nous devons l'entretenir comme un ſerviteur fidele ; mais auſſi nous
devons le tenir toûjours dans la dépendance, & prendre garde qu'il ne
ſecoüe le joug de la ſervitude, &
n'uſurpe l'empire : c'eſt ce qui arrive, lorſque nous nous livrons aux
paſſions violentes ; car encore une
fois, nous pouvons réſiſter à leurs efforts. Il eſt plus facile de leur refuſer l'entrée du cœur, que de s'oppoſer à leurs effets, & d'arrêter leur
progrès.

COURAGE.

Le courage eſt une ardeur impatiente d'attaquer ; il ne craint, ni le
péril, ni les difficultés. *Voyez* Bravoure, Valeur, Intrépidité.

COURROUX.

Le courroux eſt moins l'effet de la
colere, que d'un amour-propre offenſé, & qui demande ſatisfaction : il

éclate avec hauteur, contre ceux qui nous doivent, & qui nous manquent; & respire hautement la vengeance. La colere s'éteint quelquefois d'elle-même: mais le courroux ne s'appaise que par la soumission.

COURTISANS.

Les courtisans sont tous ceux qui sont attachés à la cour par leurs emplois. On entend aussi par ce terme, un homme qui fait sa cour pour faire sa fortune, & en ce sens on le prend en mauvaise part. C'est par un mérite réel, & par des actions utiles à la société, que l'homme doit chercher son avancement, & non par les flateries & les bassesses, qui des-honorent tant de lâches courtisans de la fortune.

COUTUME.

La coûtume est une maniere d'a-gir constante & uniforme; c'est l'ha-bitude de faire les mêmes choses, c'eſt la répétition des mêmes actions, qui fait la coûtume.

La coûtume a tant de force, qu'elle change ſouvent la nature, qui lui eſt le plus oppoſée. L'exemple de Socrate en eſt une preuve : il étoit né violent, emporté ; il devint, par le pouvoir de la raiſon, le plus doux & le plus modéré de tous les hommes, & acquit par l'habitude cette précieuſe modération, qui eſt le thréſor du ſage.

CRAINTE.

La crainte eſt le ſentiment d'un mal, qui peut nous arriver, & que nous reſſentons comme préſent. La crainte ne doit nous ſervir qu'à détourner le mal qui nous menace, ou à nous préparer à le ſouffrir patiemment, ſi l'on ne peut l'éviter.

La crainte eſt un motif, qui détermine bien des actions.

Que ne peut la frayeur ſur le cœur des mortels !

Racine.

La crainte eſt bien plûtôt l'effet du tempérament, que celui de la réflexion : le mélancolique eſt d'un naturel craintif & ſoupçonneux.

Crainte. Voici le portrait de la crainte par le Pere *Brumoy.*

Véritablement la prudence ſi précautionnée & ſi vigilante, tire, dit-on, ſon origine de la crainte. Mais quelle malheureuſe vertu (ſi c'en eſt une) que celle de chercher à connoître un avenir qu'on ne ſauroit éviter, ou qui peut-être ne viendra jamais ! Quelle que ſoit la crainte, connoiſſons pourtant ſes traits & ſon air. Dès que ſon nuage enveloppe un eſprit abattu, ſemblable à un liévre timide qu'une feuille effraie, & qui prête l'oreille au moindre vent, il ſe recueille en lui-même ; il écoute tous les bruits, & ſe nourrit de préſages ſiniſtres. Si l'on heurte, un froid ſubit fait trembler tous ſes membres ; le ſang ſe retire autour du cœur, qui palpite : il reſpire à peine : il garde un profond ſilence, ou ne laiſſe échapper que de foibles cris. Telle eſt l'attitude d'un homme frappé de l'éclair, ou du vent du Tonnere. Ses genoux vacillent : le tremblement redouble, pareil à celui des moiſſons agitées. Si le feu du Ciel éclate encore, la ſueur

coule

coule de toutes parts, fueur glacée, effet
de l'étonnement. Le froid pénetre jufqu'aux
os. Le vifage fe blanchit d'une mortelle
pâleur: Les piés fe refufent à la fuite. La
bouche demeure béante. Ce n'eft plus un
homme; c'eft une ftatue que la frayeur a
pétrifiée plus promtement que n'eût fait la
tête de Medufe.

CRIMES.

Les crimes font des actions contraires aux lois divines & humaines, ils font l'effet du vice.

Il y a des crimes involontaires, tels
que ceux que le hafard produit : on ne
peut pas les regarder comme tels ; c'eft
le confentement qu'on donne à une
mauvaife action, qui fait le crime.

L'habitude du crime en diminue
l'horreur.

Dans le crime une fois il fuffit qu'on
débute;
Une chûte toûjours attire une autre
chûte.
L'honneur eft comme une île efcarpée
& fans bords :

E

On n'y peut plus rentrer dès qu'on en eſt
dehors.

Boileau.

CROYANCE.

La croyance eſt l'adoption que
l'eſprit fait d'un principe, dont l'évidence lui eſt connüe.

CRUAUTÉ.

La cruauté eſt une ſoif du ſang
humain. C'eſt une eſpece de maladie,
qui vient du tempérament mélancolique. L'homme cruel eſt un malheureux accablé du poids de ſon exiſ-
tence, qui hait tout ce qui l'environne, & qui voudroit avoir des com-
pagnons d'infortune. Cette façon
d'être, produit dans l'ame une fureur,
qui eſt l'effet de la force jointe à
l'inquiétude.

La cruauté eſt auſſi quelquefois
l'effet de la *colere*, & pour lors on
l'appelle *vengeance*.

CUPIDITÉ.

La cupidité est un désir immodéré; elle s'étend sur la gloire, les plaisirs, les richesses, & généralement sur tout ce qui fait l'objet de nos désirs.

CURIOSITÉ

La curiosité est le désir d'apprendre. Il naît de la vivacité, de l'imagination, & de la promptitude des opérations de l'entendement qui cherche le rapport des choses qui l'affectent.

Cette disposition, qui annonce de l'esprit, est la source de la plus grande partie de nos connoissances, & de nos égaremens, lorsqu'elle n'a pour objet que la recherche des plaisirs.

La curiosité, qui nous porte à découvrir les secrets des autres, vient de la malignité & du désir de leur nuire.

Un secret qu'on surprend, est un larcin qu'on fait.

De Boissy.

F ij

D.

DÉBAUCHE.

La débauche est l'excès & l'abus des plaisirs. Le dégoût, le repentir, les inquiétudes de l'esprit, les maladies du corps, en sont le fruit.

La débauche est autant un vice de l'esprit, que du tempérament.

DÉCENCE.

La décence est la maniere de régler ses discours, ses actions, son maintien suivant les lois de l'honnêteté, qui ne sont pas les mêmes chez tous les Peuples, ni dans tous les tems, ni pour les deux sexes : ainsi la décence change avec les mœurs, & la façon de penser. Ce que l'on appelle décence aujourd'hui, consiste dans un extérieur modeste, & un peu de retenue dans les discours ; encore cette derniere qualité n'est-elle plus gueres à la mode. Un homme passe

pour décent, quand il n'eſt pas tout-
à-fait effronté ; & une femme, quand
elle n'a qu'un amant en tête, &
qu'elle ne laiſſe point échapper ce
que l'on appelle *de gros mots* : cependant malgré le diſcrédit où cette
vertu eſt tombée, il eſt encore des
gens qui la chériſſent & qui la pratiquent.

DÉDAIN.

Le dédain eſt un ſentiment de mépris mêlé de hauteur. Ce ſentiment
vient de la comparaiſon qu'on fait
de ſes avantages, avec les vices & les
défauts des autres.

DÉFIANCE. MÉFIANCE.

La défiance eſt la crainte d'être
trompé par les gens qu'on ne connoît pas ; la méfiance eſt la crainte
d'être trompé par les gens qu'on
ſoupçonne de mauvaiſe foi & de
duplicité.

La défiance eſt l'effet d'une pru-

dence éclairée par l'expérience &
la connoissance des hommes ; la méfiance est l'effet du tempérament mélancolique, naturellement craintif &
soupçonneux.

Il est vrai que la défiance n'a pas
bonne opinion des gens, dont elle
se défie ; mais elle s'en tient là.

La méfiance va plus loin, & a toûjours mauvaise opinion de ceux dont
elle se méfie : enfin l'un n'est défiant,
que parce qu'il ne connoît pas ceux
à qui il a affaire, & l'autre, parce
qu'il en pense mal.

Le sage doit se défier de ses jugemens, & des faveurs de la fortune : mais
il doit apporter dans le commerce de
la société, une confiance éclairée.

DÉFINITION.

La définition est l'explication d'une
chose par sa nature & ses effets : elle
est d'une nécessité indispensable dans
la dispute, afin d'établir l'état de la
question.

Les hommes ſont aſſez d'accord ſur le fond des choſes : ils ne diſputent bien ſouvent que ſur les termes, qui, bien éclaircis, font ceſſer toute conteſtation ; à moins que l'entêtement, la ſtupidité, ou l'eſprit de parti, ne ſe mêlent de la diſpute.

La définition eſt auſſi néceſſaire dans la recherche de la vérité ; cependant combien voyons-nous tous les jours de perſonnes qui parlent des paſſions, des vices, des vertus, qui écrivent même ſur ces matieres, & qui ſeroient fort embarraſſées d'en donner une ſimple définition ! Cependant, comment raiſonner des choſes, quand on n'en connoît, ni la nature, ni la cauſe, ni les effets ? Auſſi voyons-nous bien des gens qui décident, mais fort peu qui raiſonnent.

DÉISME.

Le déiſme eſt une croyance, qui n'admet point de culte. Ce ſyſtème eſt d'autant plus dangereux, qu'il s'accommode merveilleusement à notre pareſſe, & qu'il n'eſt pas abſolument contraire à la raiſon.

L'homme confiant en ſes lumieres, le prétendu Philoſophe fait gloire d'être déiſte ; le ſage, l'honnête homme abandonne tout vain raiſonnement, & ſe livre aux mouvemens de ſon cœur, qui le portent à rendre à la divinité le tribut d'adoration & de reconnoiſſance que nous lui devons.

DÉLICATESSE.

On diſtingue deux ſortes de délicateſſe, la délicateſſe des ſentimens, & celle de l'eſprit.

La délicateſſe des ſentimens eſt une diſpoſition de l'ame qui ſe porte, naturellement & ſans effort, à tout ce qui eſt beau, bon & honnête, qui s'y complaît, & qui chérit même cette qualité dans les autres.

La délicateſſe de l'eſprit eſt une

fagacité qui démêle à travers le voile de l'allégorie le fens caché des expreffions ; & qui repréfente fous des
images agréables, & des comparai-
fons riantes, des chofes qui bleffe-
roient la pudeur & la bienféance,
offertes fous les couleurs qui leur
font propres.

La délicateffe laiffe beaucoup à
deviner ; c'eft pourquoi les chofes
délicates, ne font qu'obfcures pour
de certaines perfonnes. Il faut pref-
qu'autant de délicateffe au lecteur,
pour entendre des penfées délicates,
qu'il en a fallu à l'auteur pour les
produire.

DÉMOCRATIE.

La démocratie eft une efpece de
gouvernement, dans lequel la puiffance légiflative s'exerce par le peuple affemblé : il y en a peu, qui ne
foit mêlé d'ariftocratie. Rome après
fes premiers Rois, changea fon gouvernement monarchique en démocra-

tie : mais bientôt la supériorité du génie & des talens, en fit un état aristocratique, qui sous les Empereurs devint un despotisme.

DÉGOUST.

Le dégoût est un sentiment d'aversion, qui provient de la satiété ou de la fausse idée d'un bien, qu'on s'est exagéré. L'homme toûjours occupé du soin de se rendre heureux, poursuit avec ardeur tout ce qui a l'apparence du bien ; la joüissance le détrompe, ou l'excès en corrompt la douceur : & delà naissent les dégoûts.

Le Philosophe, qui connoît le prix de chaque chose, l'homme modéré qui sait en joüir, ne connoissent pas les dégoûts.

DÉSESPOIR.

Le désespoir est un vif sentiment de douleur, qui nous saisit à la vûe d'un évenement fâcheux, d'une perte considérable, ou d'un bien que nous

pouvions obtenir : il naît de la surprise , & nous ferme les yeux sur les
ressources qui nous restent.

Il se manifeste différemment suivant
les différens caracteres : il est accablement dans l'homme lent , il devient fureur dans l'homme vif.

Le désespoir est une marque de
foiblesse. L'homme doit s'attendre à
tout , supporter patiemment les maux
qui lui arrivent , & qu'il ne peut éviter , & chercher les moyens de s'en
délivrer : il n'en est point d'irrépa-
rables.

Désespoir. Voici de quelle façon le Pere
Brumoi peint le désespoir.

L'hôte le plus terrible des cœurs , après les
furies , c'est le désespoir. Il traîne une robe
affreusement déchirée. Tout son air inspire
l'horreur , & son silence plus que le reste.
Dans la revûe des passions mêlées , nous
avons mis l'espérance à la tête. Finissons par
son cruel antagoniste , qui ferme la marche
de l'un & de l'autre bataillon. Regardez ses
yeux étincelans , ses joues tremblantes , & sa
rage tranquille ; car c'est dans le cœur qu'il
renferme le poison qui le ronge , l'aiguillon

qui le déchire, & la plaie irrémédiable qui ne peut souffrir déformais les rayons du Soleil. Confidérez le progrès du mal dans un malheureux, foit accablé de remors, foit bleffé en paffant par un jeu cruel de la fortune, qui le réduit à la reffource infenfée du défefpoir. Quel courroux ! quels cris contre le Ciel & la Terre ! Mais ce prélude dure peu. Le miférable boit à long traits le venin qui coule de veine en veine. Il en eft tout pénétré. Plus de courroux, plus de cris. Il reprend l'apparence de fa premiere tranquillité. L'ombre d'une paix fimulée voile fon front, tandis que le tourbillon de la tempête tournoie autour de l'ame, & porte dans fon fein, la nuit, l'horreur & la mort. C'eft alors que l'ame engloutie dans l'abyfme prend fon parti. Le furieux fe dérobe au jour ; & fans balancer fur le trépas, il ne s'en réferve que le choix. Le nœud fatal, le fer, le poifon, le précipice, le fein d'un fleuve, tout fe retrace tour à tour à fon efprit. Prêt d'exécuter fon projet, il frémit à la vûe du genre de mort qu'il a préféré. Il entend les derniers foûpirs de la nature, qui lutte de tout fon pouvoir. L'amour de la vie fe réveille. Mais la rage, comme un embrafement violent, renaît de fes cendres, reprend tous fes droits, & porte le dernier coup à la nature, qui murmure en expirant. La victime tombe à l'inftant, dévoüée aux Dieux de l'Erebe, soit par le précipice, soit par le fer qui tranche sa trame avant le tems, soit par de funestes nœuds.

Ne pensez pas toutefois, que le germe de cette horrible passion, ait été semé dans nos cœurs, pour donner lieu à un coupable désespéré, ou à un malheureux amant de finir des jours remplis d'amertume. Non, les horreurs des sentiers qui conduisent au trépas, répugnent trop à la nature pour le penser. Le souverain arbitre de nos vies, défend d'en briser les chaînes par nos mains. Il a marqué le moment de leur dissolution naturelle, dans son livre des destins. C'est donc, non pour avancer le trépas auquel il nous condamna, mais pour l'éviter, du moins pour le reculer jusqu'à l'instant fatal, qu'il a jetté dans nos esprits la semence du désespoir, ainsi que des autres passions. Contemplez en effet un voyageur surpris par des voleurs, & accablé par le nombre. Que d'efforts pour racheter sa vie ! Prieres, larmes, or & argent, il ne ménage rien. Entouré d'assassins, il voit briller le fer ; il voit les poignards sur son sein ; on le frappe ; ses vœux sont déçus, son sang coule : Ah ! c'est alors qu'il fait parler tout son désespoir. Quelle affreuse éloquence ! Il lance du fond de sa poitrine de terribles hûrlemens. Les forêts & les montagnes, retentissent de ces cris, dont la nature mourante se sert pour exprimer sa rage. Elle grave sur le front des signes capables d'émouvoir les rochers, & les cœurs, s'ils ne sont plus insensibles qu'eux : signes parlans, taches livides & noires sur les joues, égarement dans les yeux errans, écume sur les lèvres, tremble-mens de nerfs, voix grossie, sécheresse de langue, battement aigu des dents, bouche disloquée à la maniere des sangliers déchi-rés par les chiens. Tels sont les signes, que trace la nature d'une main redoutable, sur les victimes d'un assassinat : vestiges du dé-sespoir, porté au dernier excès, pour amol-lir, s'il se peut, la dureté du plus inéxora-ble ennemi.

DÉSIR.

Le désir est le sentiment d'un be-soin, qui s'annonce par le trouble & l'inquiétude, & qui cherche à se satis-faire. Le besoin d'aimer dans une jeune personne, est un désir sans objet : dès qu'elle en connoît un, ce désir est ce sentiment qu'on appelle amour.

Le besoin d'aimer, est dans les femmes un besoin du cœur, plûtôt

que du tempérament ; dans les hommes c'eſt le contraire : ce n'eſt pas qu'il
n'ait ſouvent la même cauſe & les
mêmes effets , dans les uns comme
dans les autres : mais quelle que ſoit ſa
cauſe , il eſt toûjours inſéparable du
déſir : les uns recherchent la ſatisfac-
tion des ſens , les autres la joüiſſance
des ſentimens du cœur. *Voyez* Amour.

Déſir. Dès que la nature , dit le Pere *Bru-*
moi, eut environné l'eſprit humain d'un fra-
gile vaiſſeau , elle l'exclut du Ciel , ne lui
laiſſa que des beſoins , & l'exila ſur la Terre.
Mais loin de le priver des moyens de rentrer un jour dans ſa patrie , & d'uſer durant
ſon exil des biens deſtinés pour ſon uſage ,
elle lui donna des aîles , & lui apprit à les
mouvoir , ſemblable à une tendre mere , qui
accoûtume peu à peu ſes petits à eſſayer un
vol timide , pour la ſuivre & l'imiter un jour.
Tel qu'un oiſeau naiſſant , le cœur s'inſtruit
inſenſiblement à s'élever ſur l'aîle de l'a-
mour du bonheur ; & devenu plus hardi par
l'expérience , il ſe porte d'un vol rapide ,
tantôt ſur les mers & les terres , tantôt juſqu'au ſéjour des aſtres. Il cherche ſans ceſſe
la ſource de l'immortelle félicité : c'eſt Dieu
même. Comme ſans lui , il ne ſauroit être

heureux, dès qu'il en voit la plus légere empreinte, plus léger que les vents, il y vole. Mais il sent une main cachée, qui arrête ses efforts, & qui le repousse au moment qu'il s'efforce de l'embrasser. Prêt à saisir le vrai bonheur, il le voit s'échapper comme une ombre, durant les ténébres. Cependant les biens apparens l'amusent, comme les songes. Il se plaît à poursuivre des simulacres sans corps.

Et cette erreur repare
Les biens que la Nature avare
N'a pas accordés à nos vœux.

M. De Fontenelle.

Le cœur fomente une erreur si chere. Il en vit. C'est un voile qu'il jette sur des biens vuides de réalité. A force de souhaiter qu'ils soient réalisés, il les croit réels, déterminé à n'être pas désabusé, tant le séduit l'image du bonheur acheté à ce prix ! Mais dès que l'enchantement a disparu, & que le voile est levé, tout paroît dans son vrai jour : alors l'esprit détrompé (car peut-il être long-tems heureux ici bas ? se dégoûte d'un bien séducteur, qu'il reconnoît faux. L'amour de ces ombres vaines, soûtenu par l'erreur, s'attiédit en aimant, & se refroidit en jouïssant. Telle une riche moisson, embrasée

par

par une étincelle, éleve jufqu'aux nues une brillante flamme, qui s'évanoüit à l'inftant que fa matiere eft confommée. Mais de même que l'étincelle nourrie & confervée fous un amas de cendres, réveille & lance au dehors des feux mal éteints ; ainfi l'ame oubliant fon indifférence paflée, & fes premiers dédains, retourne fe livrer aux foins qu'elle avoit hais, fe replonge dans les flots tumultueux des défirs, & revole aux écueils où elle a échoüé, pour y échoüer encore. Réfolue de renouveller fes anciennes avantures, elle s'épuife en vœux, qui ne s'épuifent jamais. La paffion qu'elle déteftoit rentre dans fes bonnes graces. Le prix qu'il lui en a coûté ne l'arréte plus. C'eft ainfi qu'un marchand, après le naufrage, redoute & abhorre la perfide mer. Il jure de n'en être plus déformais la proie : Mais il oublie bientôt fes fermens. Epris des appas de l'intérêt, dont l'océan fe pare à fes yeux, il radoube fes vaiffeaux, qui ferviront peut-être encore de joüet aux flots. Il connoît pourtant la rage de Scylla & de Charybde. Il voit les rochers, les périls & la mort dont il s'eft à peine fauvé. Il fait quelle prodigieufe quantité de thréfors eft difperfée fur tous les rivages, comme l'aigue vile qui les couvre. Il a vû les débris attachés aux écueils, triftes reftes, dépoüilles déplorables, dont l'afpect devroit le faire frémir : mais périls

G

étrangers, périls perfonnels, rien n'étonne des Nautonniers déterminés à s'enrichir, ou à perdre le jour.

DÉPENSE.

Ce font nos revenus qui doivent régler notre dépenfe : celle qui les excede eft non-feulement nuifible aux prodigues & aux faftueux, mais elle le devient même à la fociété : on commence par confumer fes biens, & fouvent on finit par ruiner les autres.

Il feroit utile pour le bien de l'état, & pour le bonheur de chaque particulier, qu'on établît des loix fomptuaires. Je fens que cette propofition a befoin de preuves : mais ce n'eft point ici leur place.

DESPOTISME.

Le defpotifme eft l'exercice du pouvoir abfolu, & indépendant des lois ; pouvoir fondé fur le confentement d'un peuple libre, ou réduit par la force.

Il doit sa naissance à l'usurpation & à la tyrannie ; aussi est-il sujet à bien des dangers, soit relativement au peuple qui gémit sous le joug d'un seul homme qui n'écoute souvent que ses passions, ou ses caprices, & qui n'est arrêté par aucun frein ; soit relativement au souverain, qui a rarement pour lui l'amour du peuple, & qui se voit continuellement exposé au péril de perdre la vie. Combien l'Histoire nous offre-t'elle de révolutions causées par le despotisme !

DESTINÉE.

La destinée est le sort que le hasard nous amene. Je laisse aux Théologiens la dispute de la prédestination ; ce dogme m'a toûjours paru dangereux pour la politique, & contraire à la Religion : c'est l'homme seul qui fait sa destinée, bonne ou mauvaise.

DETTES. *Voyez* Dépense.

DEVOIRS.

Nos devoirs sont les obligations que nous imposent les lois divines & humaines : chaque état, chaque âge, chaque condition a ses devoirs.

Nous devons à Dieu, comme créateur, de l'adoration ; comme conservateur, il exige de la reconnoissance ; comme maître absolu, nous lui devons une soûmission entiere à ses volontés.

L'humanité est le second de nos devoirs. Nous devons à tous les hommes de l'amour, de la compassion & des services. Nous devons à l'Etat qui veille à notre sûreté, le soin de sa conservation, l'emploi de nos talens, & l'obéissance aux lois : & delà les devoirs des supérieurs & des inférieurs. Nous devons aux particuliers à proportion des biens que nous en recevons ; delà les devoirs des peres, des enfans, des parens, des amis, des compatriotes, des concitoyens. Tous ces devoirs font subordonnés les uns autres : nous devons plus à Dieu qu'aux hommes, plus au genre humain qu'à notre patrie, plus à la patrie qu'à l'amour paternel, & plus à ce dernier fentiment qu'à l'amitié.

C'eft la Religion qui regle nos devoirs envers Dieu ; ce font les lois civiles qui reglent nos devoirs envers l'Etat & le Souverain ; & c'eft la loi naturelle qui établit nos devoirs envers les particuliers.

Voici quels font les moyens que nous pouvons employer pour remplir ces devoirs (c'eft ce que les moraliftes appellent improprement les devoirs envers nous - mêmes) : ces moyens font la prudence, la vigilange, la juftice, la force & la tempérance ; ce font autant d'actes de notre volonté. *Voyez tous ces mots à leur place.*

DIALECTIQUE.

La dialectique est un terme de l'ancienne Ecole, qui signifie la même chose que Logique. *Voyez ce mot.*

L'ancienne Académie pensoit que l'esprit seul jugeoit des idées, quoiqu'elles ne nous vinssent que des sens; Zenon prétendoit que les sens, pourvû qu'ils fussent sains & entiers, étoient un témoignage certain de la vérité; & Epicure croyoit leur rapport infaillible en tout tems; il admettoit, ainsi que Zenon, des idées innées, & il vouloit que par rapport aux mœurs, & à la conduite de la vie, on consultât le témoignage de la conscience, contre les sentimens des Péripateticiens, qui prétendoient que toutes nos idées venoient des sens. Les Sectateurs de l'ancienne Académie & du Portique, croyoient qu'il y avoit des vérités certaines & évidentes. Arcesilas, chef de la moyenne, n'admettoit que la vrai-

femblance, & les Pyrrhoniens dou-
toient de tout.

On voit par ce court expofé, que les modernes n'ont pas beaucoup ajoûté à la dialectique des anciens.

DIEU.

Dieu eft ce qui eft ; c'eft la véri-té, l'intelligence fuprême, qui préfi-de à la naiffance & à la confervation des êtres.

Pythagore croyoit que Dieu étoit une ame répandue dans tous les êtres de la nature. Empendocle regardoit comme Dieu les élémens, principes de toutes chofes. Ariftote prétendoit que la Divinité n'étoit autre chofe que l'intelligence. Straton difoit qu'il n'y avoit point d'autre Dieu que la nature, principe univerfel de toutes chofes.

Zenon dit la même chofe, mais explique mieux fon fyftème. Le voi-ci : tout l'univers eft formé des qua-tre élémens : le feu qui eft féparé dans l'ether eſt le principe de toute intelligence ; c'eſt lui qui anime & qui vivifie tout ce qui exiſte.

On peut voir que tous les ſyſtèmes des anciens Philoſophes, ſur la nature de la Divinité, ſont à peu près les mêmes ; celui de Zenon, plus développé, les renferme tous : & je ſuis perſuadé qu'ils auroient été tous d'accord, s'ils s'étoient mieux entendus.

Ce ſyſtème, qui reſſemble fort à celui des Mages, n'eſt pas auſſi abſurde que M. Rollin le prétend, quand on ne conſulte que la raiſon : mais en admettant la révélation, on ſent de combien ſes lumieres ſont ſupérieures à celles de notre foible intelligence.

Les Cieux inſtruiſent la Terre
A révérer leur Auteur ;
Tout ce que leur globe enferre
Célébre un Dieu créateur.
Quel plus ſublime Cantique ,
Que ce concert magnifique

De tous les céleftes corps ;
Quelle grandeur infinie,
Quelle divine harmonie,
Réfulte de leurs accords !
  De fa puiffance immortelle
Tout parle, tout nous inftruit.
Le jour au jour le révele,
La nuit l'annonce à la nuit.
Ce grand & fuperbe ouvrage
N'eft point pour l'homme un langage
Obfcur & myftérieux ;
Son admirable ftructure
Eft la voix de la nature
Qui fe fait entendre aux yeux.
  Dans une éclatante voûte,
Il a placé de fes mains
Le Soleil, qui, dans fa route,
Eclaire tous les humains.
Environné de lumiere,
Cet aftre ouvre fa carriere
Comme un époux glorieux ;
Qui dès l'aube matinale,
De fa couche nuptiale
Sort brillant & radieux....

Rouffeau.

DIGNITÉS. HONNEURS.

Les dignités & les honneurs font des diftinctions que le Souverain accorde à qui il lui plaît : ils font ordinairement la récompense de la vertu.

Tout homme qui n'a d'autre motif dans ses actions que l'ambition de les acquérir, en est dès lors indigne : la vertu les décore, le vice les déshonore.

DISCIPLINE.

La discipline militaire est l'ordre que les troupes doivent observer. Elle demande tous les soins du général. Elle consiste principalement à contenir la subordination & la regle.

DISCERNEMENT.

Le discernement est une qualité de l'esprit, qui juge des idées abstraites, & qui apprécie le mérite des choses dépendantes de la métaphysique & de la morale.

DISCRÉTION.

La discrétion est une sage retenue dans nos discours, qui nous fait taire ce que nous ne devons pas dire. Elle compose son ton & ses manieres, de façon que rien ne puisse transpirer du secret qui nous a été confié.

Elle ne consiste pas seulement à ne rien dire, mais aussi à ne rien laisser voir qui puisse nous trahir : c'est pourquoi il est très-important de bien choisir les personnes auxquelles on veut se confier. Tout le monde n'est pas propre à garder un secret : souvent avec les meilleures intentions, un esprit borné se laisse découvrir par quelque endroit, & donne même lieu à des soupçons, en voulant les détourner : & c'est ce qui fait que la discrétion est si rare.

DISPUTE.

La dispute est un raisonnement contradictoire, & opposé à un autre. Elle est utile pour parvenir à la connoissance de la vérité, quand ceux qui disputent cherchent de bonne foi à s'instruire : mais elle ne sert qu'à aigrir & aliéner les efprits de ceux qui conteftent par efprit d'orgueil, ou par attachement pour une erreur qu'ils ont adoptée de bonne foi. La difpute ne doit jamais fortir des bornes de la politeffe. L'amour de la vérité eft ami de la douceur & de la modération ; la paffion au contraire eft remplie de fiel & d'aigreur.

DISSIMULATION.

La diffimulation eft une feinte, ou un déguifement, que nous employons dans nos difcours & dans nos actions, pour tromper quelqu'un par la fauffe confiance dont elle fe pare. C'eft un vice de l'efprit, qui a quelque chofe de bas & d'indigne d'une grande ame. On doit fans doute taire un fecret : mais on ne doit jamais altérer la vérité.

DISTRAIT.

Un homme diftrait eft celui qui ne fait point attention à ce qu'on lui dit, parce qu'il eſt trop occupé des objets extérieurs.

La diſtraction a pluſieurs cauſes: elle naît de la légereté de l'imagination, qui nous détourne de l'application que demande un raiſonnement ; elle vient ſouvent auſſi du peu d'importance des choſes que l'on nous dit, & qui ne nous affectent pas aſſez pour les ſuivre ; quelquefois du mépris que nous faiſons des ſots ; & enfin de la grande vivacité de l'eſprit, qui nous entraîne avec rapidité d'un objet vers un autre.

Toutes ces ſortes de diſtractions, ſont des défauts qui faut tâcher d'éviter dans le commerce de la ſociété.

DOCILITÉ.

La docilité eſt une diſpoſition naturelle de l'ame, qui cherche à s'inſtruire, & qui reçoit avec douceur & reconnoiſſance les conſeils de ſes ſupérieurs, & des perſonnes éclairées ; c'eſt auſſi quelquefois le fruit de la

réflexion & de l'amour de la vérité, qui fait taire les murmures de
l'amour-propre : enfin, quelle que en
foit la caufe, c'eft toûjours la marque d'un bon efprit, ou d'un heureux naturel.

DOMINATION.

L'efprit de domination eft auffi infupportable dans la fociété, que dans
le gouvernement : c'eft l'effet d'un
amour-propre fans bornes, & qui
rapporte tout à foi.

L'efprit de domination s'étend fur
l'efprit, comme fur les biens tempo-
rels ; il s'empare de notre façon de
penfer ; il va jufqu'à vouloir con-
traindre notre volonté, & régler nos
fentimens : c'eft une tyrannie, que les
gens d'efprits exercent volontiers fur
les efprits foibles ; car l'efprit de domination annonce prefque toûjours
une fupériorité de lumieres : ce qui le
rend d'autant plus dangereux, qu'il
entraîne les efprits par une douce

violence, par le charme de la séduction.

DOUCEUR.

La douceur est un fond de complaisance qui nous fait déférer à la volonté d'autrui ; c'est une qualité du tempérament, que l'éducation & la réflexion fortifient.

Elle nous rend attentifs & prévenans dans le commerce de la société ; elle nous fait dissimuler les offenses ; elle chasse l'esprit de contradiction & l'esprit satyrique ; elle nous donne ce ton affectueux, ce ton du sentiment, qui nous concilie ceux qui vivent avec nous ; elle nous inspire la bienveillance, la bonté, la sensibilité, la reconnoissance, & l'amour de l'humanité.

FABLE.

Lorsque pour orner la beauté,
Le Ciel eut rassemblé les graces, la jeunesse,
Le charme de l'esprit, le sel de la finesse,
Et le vernis de la gaieté ;

On affûre & l'on m'a conté,
Que pour être de la partie,
La douceur & la modeftie,
Vinrent fe préfenter à la Divinité.
Qu'eft-ce encor, dit quelqu'un ?. De
chaque qualité,
La part n'eft-elle pas lottie ?
Renvoyons celles-ci... Je vous le défens
bien,
Dit le maître abfolu de la troupe célefte.
Ces vertus ont de quoi remplacer tout le
refte :
Et fans elles, Meffieurs, tout le refte n'eft
rien.

Peffellier.

DOULEUR.

La douleur eft le fentiment d'un mal préfent, qui nous arrive par la perte, ou la privation d'un bien. Ce fentiment fe produit quelquefois par le reffouvenir d'un mal paffé, que l'imagination nous trace vivement.

La douleur que nous reffentons des fouffrances, que caufent la maladie ou les infirmités, qui accompagnent la vieilleffe, eft la plus excufable de
toutes,

toutes, quoiqu'il ne ſoit point raiſonnable de ſe livrer à un ſentiment,
qui ne fait qu'aigrir nos maux : à
l'égard de la douleur que nous reſſentons de la perte ou de la privation
d'un bien, elle eſt la marque de la
foibleſſe de notre eſprit. La douleur
& les regrets ne réparent pas nos
maux.

Il y a cependant des pertes, telles
que celles d'une femme, d'un ami,
d'un enfant, qui nous ſont ſi ſenſibles, qu'avec toute la force d'eſprit
imaginable, nous ne pouvons nous
défendre d'un inſtant de douleur ;
c'eſt un tribut que nous devons à la
nature : mais c'eſt être inſenſé, que
de s'y abandonner.

Doute.

Le doute eſt une ſuſpenſion de
l'eſprit, qui refuſe de porter ſon
jugement ſur une propoſition, dont
la vérité ne lui eſt pas ſuffiſamment
connue.

H

Le doute eſt la marque de peu ou de beaucoup d'eſprit : on doute ſouvent faute de connoiſſances, quelquefois parce qu'on en a trop, ou qu'elles ne ſont pas aſſez diſtinctes.

DROIT.

Le droit eſt naturel ou civil : le droit naturel eſt ce qui eſt permis par la raiſon ; le droit civil eſt ce qui eſt permis par les loix. Le droit civil doit dériver du droit naturel : mai malheureuſement nous voyons ſouvent qu'il lui eſt oppoſé. Doit-on s'en étonner ? ce ſont les hommes qui ont fait les loix.

DROITURE.

La droiture eſt une diſpoſition à l'équité. *Voyez* Equité.

DUPLICITÉ.

La duplicité, dit M. *de Vauvenargue*, eſt une impoſture à deux faces.

L'esprit de duplicité est l'art de tromper quelqu'un, par des mots à double entente, dont un sens offre une interprétation favorable, tandis que l'autre cache une signification contraire.

DURETÉ.

La dureté est l'insensibilité des maux, qu'endurent les misérables ; c'est un vice du cœur qui vient du tempérament. Les vieilles gens sont ordinairement moins compatissans que les jeunes ; il semble que le cœur s'use : c'est que l'expérience des maux l'endurcit.

E.

ÉDUCATION.

L'éducation est le soin qu'on prend de l'instruction des enfans, tant pour ce qui regarde les mœurs, que l'esprit & le corps.

Malgré le peu de pouvoir qu'on lui attribue, il est certain que l'édu cation forme une seconde nature par l'habitude. *Voyez ce mot.*

La coûtume, la Loi plia mes premiers
ans
A la Religion des heureux Musulmans.
Je le vois trop : les soins qu'on prend de
notre enfance
Forment nos sentimens, nos mœurs, no-
tre créance.
J'eusse été près du Gange esclave des faux
Dieux,
Chrétienne dans Paris, Musulmane en ces
lieux.
L'instruction fait tout ; & la main de nos
Peres
Grave en nos foibles cœurs ces premiers
caracteres,
Que l'exemple & le tems viennent nous
retracer,
Et que peut-être en nous Dieu seul peut
effacer.

Voltaire.

L'éducation des enfans, devroit être un des principaux soins du gouvernement.

La bonne éducation fait les bonnes mœurs : & les bonnes mœurs font le bonheur & la sûreté d'un état.

EFFRONTE'. *Voyez* Impudence.

ÉGALITE'.

L'égalité est une tranquillité d'ame, que rien ne peut troubler ; elle naît de la modération de nos désirs : c'est l'apathie des Philosophes. *Voyez* Apathie.

L'égalité de l'esprit est troublée par la trop grande dissipation des esprits animaux, par la foiblesse de l'âge & la maladie, qui relâchent & affoiblissent les organes.

L'égalité d'humeur est altérée par la quantité, ou la mauvaise qualité de celles qui succedent.

ÉGARD.

Les égards font les soins ; les attentions, les prévenances, que nous témoignons aux autres.

L'esprit de société est fondé sur des égards mutuels ; nous en devons à nos supérieurs.

ÉLOQUENCE.

L'éloquence eſt l'art de perſuader ; ce ſont les paſſions qui nous la donnent.

On doit ſe défier de l'éloquence, parce qu'on peut perſuader le cœur, ſans convaincre l'eſprit ; la conviction eſt le fruit du raiſonnement : & la perſuaſion eſt l'effet d'un ſentiment, qui nous trompe bien ſouvent.

EMPORTEMENT.

L'emportement eſt un mouvement de colere, qui fait d'abord beaucoup de bruit, mais qui s'appaiſe enſuite fort aiſément. Il eſt l'effet de la vivacité de l'imagination, & de la chaleur du ſang : c'eſt pourquoi il faut lui céder d'abord.

ÉMULATION.

L'émulation eſt le déſir de bien faire, à l'exemple des autres, & de les ſurpaſſer même, s'il ſe peut ; ſans l'émulation & les paſſions qui nous portent à l'action , tout languiroit dans le monde moral.

ENJOUEMENT.

L'enjouement eſt la gaieté de l'eſprit ; il naît d'une imagination riante, qui badine & plaiſante ſur les objets qui l'exercent.

Cette qualité annonce ordinairement un homme qui a beaucoup de connoiſſance , & qui eſt maître de ſa matiere : M. de Fontenelle a beaucoup de cet eſprit-là.

ENFANCE. *Voyez* Ages.

ENNUI.

L'ennui, eſt un état de l'ame, qui éprouve des inquiétudes ; c'eſt un trouble & une agitation qui naiſſent de l'activité de l'eſprit, qui cherche un objet qui puiſſe le remplir & le fixer ; car un ſot qui s'amuſe de tout, & un ſtupide qui n'eſt affecté de rien, ne connoiſſent pas l'ennui : ils ne font faits que pour l'infpirer aux autres. *Voyez* Travail.

Ennui. L'ennui, dit M. de *Maffillon*, ne fe trouve que dans le dérangement, & dans une vie d'agitation, où jamais rien n'eft à fa place. C'eft en vivant au hafard, que nous nous fommes à charge à nous-mêmes; que nous cherchons toûjours de nouvelles occupations, & que le dégoût nous fait bientôt repentir de les avoir cherchées; que nous changeons fans ceffe de fituation pour nous fuir, & que nous nous portons partout nous-mêmes; en un mot, que toute notre vie n'eft qu'un art diverfifié pour éviter l'ennui, & un talent malheureux de le trouver. Partout où n'eft pas l'ordre, il faut néceffairement que fe trouve l'ennui : & loin qu'une vie de dérangement & d'agitation en foit le remede, elle en eft au contraire la fource la plus féconde & la plus univerfelle.

ENTENDEMENT.

L'entendement eft une faculté paffive de l'ame intelligente ; il faifit les idées abftraites, qui ne peuvent tomber fous les fens. L'imagination lui eft entierement oppofée, auffi bien que les paffions qui le troublent.

C'eſt l'entendement qui fait le Philoſophe, & qui conſerve le dépôt de
nos connoiſſances.

ENTESTEMENT.

L'entêtement eſt un fort attachement aux principes qu'on a adoptés,
attachement qui vient de la prévention que nous donnent les paſſions,
ou la confiance aveugle que nous
avons dans quelqu'un. L'entêté eſt
perſuadé de la vérité de ce qu'il ſoûtient.

ENTHOUSIASME.

L'enthouſiaſme eſt le tranſport d'une
imagination échauffée ; il eſt l'effet
d'une fermentation violente qui ſe fait
dans le ſang, qui échauffe l'imagination, & lui fait créer des penſées &
des ſentimens qui portent une empreinte de grandeur & de vivacité ;
c'eſt une eſpece de fievre que les paſſions allument.

C'eſt l'enthouſiaſme qui fait les Orateurs & les Poëtes : mais il fait auffi fouvent des fanatiques & des fous.

ENVIE.

L'envie eft un fentiment de haine mêlé de défirs, fentiment que fait naître en nous le chagrin de voir pofféder par un autre un bien que nous défirons.

C'eft la plus trifte & la plus honteufe des paffions ; elle devient le tourment de ceux qu'elle poffede, & de ceux qu'elle attaque. L'envie regarde le bien que l'on fait à un autre, comme un vol que l'on lui fait ; & fouvent il cherche à s'en venger comme d'une offenfe, & contre celui qui difpenfe le bienfait, & contre celui qui le reçoit.

L'envie eft le fruit d'un amour-propre défordonné, il croit s'élever en abaiffant les autres : mais comme dit M. *de Voltaire*,

On ne s'embellit point en blâmant fa rivale.

Envie. Si l'envie est un mal, on peut dire qu'elle produit quelquefois cependant un bien, en excitant l'émulation, & en nous reprenant de nos défauts.

> Le mérite en repos s'endort dans la pa-
> resse ;
> Mais par les envieux un génie excité,
> Au comble de son art est mille fois
> monté ;
> Plus on veut l'affoiblir, plus il croît &
> s'élance.
> Au Cid persécuté Cinna doit sa naissance ;
> Et ta plume, Racine, aux censeurs de
> Pyrrhus,
> Doit les plus nobles traits dont tu peignis
> Burrhus.
>
> *Boileau.*

ÉQUITÉ.

L'équité est l'amour de la justice distributive ; c'est un sentiment que l'éducation & la réflexion ont gravé dans nos cœurs, plutôt que la nature : cependant il nous devient naturel par l'habitude. *Voyez* Justice.

> Dans le monde il n'est rien de beau que
> l'équité :
> Sans elle la valeur, la force, la beauté,

Et toutes les vertus dont s'éblouit la
    Terre,
Ne font que faux brillans, & que mor-
    ceaux de verre.
Un injufte guerrier, terreur de l'univers,
Qui fans fujet courant chez cent Peuples
    divers,
S'en va tout ravager jufqu'aux rives du
    Gange,
N'eft plus qu'un grand voleur, qu'un du
    Tert & Saint-Ange.

Boileau.

ERREUR.

Les erreurs font les fauffes opinions que la prévention & la précipitation dans nos jugemens nous
font adopter : ils tirent leur fource
de l'ignorance & des paffions.

Il nous eft plus facile de nous défendre d'une erreur qui fe préfente
à notre efprit, que de la vaincre
quand nous l'avons adoptée, & qu'elle
nous flatte : c'eft pourquoi, auparavant
de recevoir une opinion, nous ne pouvons trop l'examiner, furtout quand
elle intéreffe notre bonheur.

L'erreur qui eſt oppoſée à la vérité, n'en eſt que l'apparence : c'eſt ce
qui n'exiſte point. *Voyez* Vérité.

ÉRUDITION.

L'érudition eſt une connoiſſance
fort étendue des Belles Lettres : c'eſt
la mémoire qui la donne ; c'eſt pourquoi l'on en fait peu de cas, à moins
qu'elle ne ſoit accompagnée du jugement qui la fait ſervir de preuve à
ſes raiſonnemens.

ESPÉRANCE.

L'eſpérance eſt un ſentiment de
confiance, qui nous ſoûtient dans
l'attente d'un bien, que la fortune
ſemble nous promettre, & qui nous
en fait joüir d'avance.

L'eſpérance eſt le plus grand de
tous les biens, puiſqu'elle nous aide
à ſupporter nos maux. Celle qui nous
inſpire une entiere réſignation aux
décrets de la Providence, par la récompenſe qu'elle nous promet, & par

la confiance qu'elle met en la miséricorde de Dieu, est une des trois vertus théologales.

Espérance. Voici le portrait de l'espérance par le Pere *Brumoi*.

Je vois descendre du Ciel une Déité également agréable aux hommes & aux Dieux : c'est l'Espérance. O vous qui m'écoutez, pardonnez à ma Muse cette métamorphose de passions en divinités. Hé, ne fait-on pas son Dieu de sa passion ? La voici près de nous cette Déesse qui préside à l'espoir. Quelle assûrance dans son port ! quelle sérénité sur le front ! quelle dignité dans ses airs de tête ! Tantôt un rayon de joie & une lumiere voltigeante se jouent autour de ses yeux ; tantôt un nuage clair semble voiler son visage comme une gaze légere. Marche-t'elle ; c'est une démarche fiere & noble. Elle s'arrête : c'est la confiance qui forme son attitude. Mais elle en a plus d'une, soit en repos, soit dans le mouvement : & sa figure n'est presque jamais la même. Femme, elle en a l'humeur volage, inconstante ou perfide. Tantôt plus prompte que le vent elle semble voler. Tantôt elle a peine à se tenir sur des appuis, & à se traîner. Souvent elle est d'une excessive petitesse, & toute resserrée en elle-même. Bientôt

aggrandiſſant ſon corps d'une merveilleuſe
maniere, on ne la reconnoît plus : elle
éleve ſa tête juſqu'aux aſtres. Elle eſt tantôt
infirme, tantôt pleine de vigueur & de
ſanté. Un ſoûris fort aimable, timide pourtant ; beaucoup de feu dans ſon air ; enfin
mille attraits dans toute ſa perſonne. Auſſi
attire-t'elle tous les humains qui ſoûpirent
après elle ; c'eſt une cour avide & empreſſée
qui ne la quitte point. Riche de nom, pauvre en effet, elle trouve le ſecret de repaître
cette cour, non de réalités, mais d'apparences. Au défaut des biens, elle leur prodigue
des ombres : ils en ſont ſatisfaits. Ont-ils
tort ? tout charme quand on eſpere : tout
laſſe quand on poſſede. Tous les dons de
l'eſpérance ſont aſſaiſonnés d'une je ne ſais
quelle ſaveur préférable à celle de l'ambroſie. Un malade, ſoit d'eſprit, ſoit de corps
s'abreuve à longs traits du doux poiſon de
l'eſpoir. Autant en fait l'amant ; autant le
nautonnier ſur le ſommet d'une vague prête
à le précipiter ; autant le vieillard, preſqu'englouti dans les Enfers. L'inexorable
Caron a beau le preſſer d'un regard affreux.
Il garde encore l'eſpoir après ſon thréſor.
L'eſpérance eſt ſéduiſante, & ſéduite. Elle
joüe, elle eſt joüée. Dans ce jeu mutuel la
vie ſe paſſe. L'on eſpere toûjours, & la
mort étouffe le dernier effort de l'eſpoir.
Venez, chere Déeſſe : & puiſque vos dons

ont l'art d'amufer nos foibles cœurs, ver-
fez-les à pleines mains ; fans eux la vie n'eft
pas fupportable. Nul reméde à nos maux :
tout languit, tout meurt. Par vous l'on
goûte le repos, la volupté, les délices, ou
du moins la plus douce des erreurs. Ah !
ne la rendez pas cruelle à vos trop crédules
adorateurs. Trompez-nous : mais cachez
votre art. Répandez un nuage fur vos inno-
centes fraudes, & laiffez nous joüir de l'enchantement. C'eft fous vos heureux auf-
pices que l'on déploie les voiles dans la
profpérité. Dans les revers, vous êtes une
ancre folide : le vaiffeau eft agité : mais
qu'importe, s'il a pour ancre l'efpoir.

ESPRIT.

L'efprit eft l'ame confidérée par la
penfée, qui eft un de fes attributs.
On découvre dans l'efprit trois principales facultés, l'imagination, la
mémoire, le jugement. Ces trois facultés ne font pas abfolument oppo-
fées les unes aux autres ; cependant il
eft très-rare de les trouver réunies
enfemble : on voit rarement qu'un
homme qui a beaucoup de mémoire,

ait

ait beaucoup d'imagination, & plus rarement encore qu'un homme qui a beaucoup d'imagination ait beaucoup de jugement.

Voici la fucceffion des opérations de l'efprit : les objets frappent les fens ; la confcience avertit l'ame de cette perception ; l'attention lui dit que c'eft la feule qu'elle ait eue, & lui fait oublier les autres ; la réminif-cence lui rappelle qu'elle l'a eue ; l'i-magination la lui fait fentir de nou-veau ; la mémoire lui en rappelle le nom & quelques circonftances, fans le premier fentiment de perception, & la contemplation qui y demeure attachée : alors le jugement combine, abftrait, diftingue, compare, compo-fe, ou décompofe, analyfe, raifon-ne, juge, affirme, ou nie.

Toutes ces différentes facultés dé-pendent de la difpofition des orga-nes, & établiffent différentes fortes d'efprits.

Il y a l'efprit fublime, l'efprit pé-

I

nétrant & profond, l'esprit fin &
délicat, l'esprit naturel, l'esprit simple, l'esprit vaste & étendu, & l'esprit original.

L'esprit sublime qu'on nomme autrement génie, est celui qui sent &
peint vivement les objets ; il fait des
Orateurs & des Poëtes : l'imagination
est son lot.

L'esprit pénétrant & profond, envisage dans les choses le rapport
qu'elles ont avec notre utilité : &
c'est-là l'emploi du jugement. Il est
propre aux sciences & aux arts : c'est
ce qu'on nomme bon esprit. *Voyez*
Bon sens.

L'esprit fin & délicat, voit dans
ces mêmes choses, le rapport & l'a-
grément qu'elles ont avec le plaisir
de la vie : c'est ce qu'on appelle le
bel esprit. Il possede les deux autres
facultés de l'esprit, mais dans un
dégré moins éminent.

L'esprit naturel est ce goût de la
belle nature, qui nous fait dire &

fentir tout ce qui eſt propre à un ſujet.

L'eſprit naturel ne dit que ce qu'il faut dire ; il met les choſes à leur place, & rejette ces ornemens ambitieux dont parle *Horace*.

Il ſe forme de la modération de l'ame & de la juſteſſe de l'eſprit, à la différence du génie, qui naît de l'activité de l'ame, & de la vivacité de l'imagination. *Voyez* Goût.

L'eſprit ſimple eſt celui qui n'a point de prétention. Ennemi de la vanité & du déſir de briller, il fuit toute affectation, & ne ſe pique de rien.

Il ſuppoſe néceſſairement l'eſprit naturel, avec lequel on le confond ſouvent, quoique l'eſprit naturel ne ſoit pas toûjours ſimple. *Racine* n'avoit que l'eſprit naturel ; *la Fontaine*, *Fénélon* & *Paſcal* avoient l'un & l'autre : c'eſt ce qui fait qu'on a dit de ce dernier, qu'il étoit aſſez bête pour ignorer qu'il valloit beaucoup mieux que *Nicole* & *Arnaud.*

L'esprit simple est la marque de beaucoup de jugement.

L'esprit étendu est celui qui a beaucoup de connoissance dans une science ; l'esprit vaste est celui qui réunit plusieurs connoissances dans différentes sciences : l'un sait beaucoup, & l'autre sait mieux. L'esprit étendu sent le rapport & la liaison des choses ; & de conséquence en conséquence, il remonte jusqu'à leur principe : l'esprit vaste n'apperçoit que les effets. L'un voit distinctement les objets, & l'autre ne les apperçoit que d'une maniere confuse.

L'esprit original est celui qui envisage & représente les objets sous un aspect nouveau, & qui a un air d'invention.

Cette qualité se remarque dans le tour de l'expression, & dans le rapport rapproché des choses qui paroissent le plus éloignées, & le plus incompatibles.

L'eſprit original donne la facilité de s'exprimer, parce qu'il vient d'une grande netteté d'imagination, qui nous préſente diſtinctement les objets & des termes propres à les peindre.

L'eſprit veut être cultivé avec modération ; trop d'étude l'accable, & rend les connoiſſances confuſes ; le défaut d'exercice le fait tomber en langueur ; la réfléxion le nourrit, & rend les idées claires & diſtinctes.

ESTIME.

L'eſtime eſt la vûe intérieure du mérite d'une choſe ; c'eſt un hommage que nous rendons à la vertu, ou volontairement, ou forcés par le témoignage de notre conſcience.

L'eſtime des hommes eſt un bien que nous devons nous efforcer d'acquérir : mais il doit nous ſuffire de la mériter, ſans s'affliger ſi l'on ne l'obtient pas.

Etude.

L'étude eſt l'application de notre eſprit aux Arts, aux Sciences, ou aux Belles-Lettres : elle eſt néceſſaire à celui qui veut s'inſtruire : mais elle doit être réglée avec prudence : une application trop continue fatigue l'eſprit & l'accable. Il reſſemble à notre eſtomach, qui ne peut digérer une trop grande quantité de nourriture : il faut manger peu, ſouvent & lentement.

La plûpart des perſonnes qui ſe ſont conſacrées à l'étude, & ſurtout à celles des ſciences abſtraites, ont paſſé leur vie miſérablement. On contraĉte dans cette habitude un eſprit ſombre & ſauvage, qui nous éloigne de la ſociété pour laquelle nous ſommes nés. On veut pénétrer dans les ſecrets de la Divinité ; & après bien des efforts inutiles, on eſt perſuadé que nous ne pouvons les comprendre : eſt-ce la peine de ſe priver des douceurs de la vie, de renoncer aux plaisirs, & de se ruiner la santé? Mais entrons dans un plus grand détail; on connoîtra mieux les dangers de ce peu de connoissances que l'orgueil des hommes a nommé sciences.

Passons à la Philosophie. La Logique nous apprend l'art de penser & de raisonner : mais par sa méthode, elle étouffe l'enjouement & la vivacité de l'esprit. Les préceptes de la Métaphysique sont si abstraits & si incertains, qu'après un long examen, on est obligé de convenir qu'on n'est sûr d'aucun principe. A l'égard de la Physique, elle est fondée sur des hypotheses, ou sur des expériences : celle qui n'est appuyée que sur des suppositions, nous conduit infailliblement à l'erreur ; l'autre nous aide souvent à découvrir la vérité.

Les Mathématiques ont aussi leur avantage : mais cette science qui est la seule qu'on puisse appeller de ce nom, est plus utile aux hommes, qu'à l'homme même. La feule qui lui foit néceffaire eft la connoiffance de foi-même : elle renferme l'Anatomie, la Medecine & la Morale. L'Anatomie nous apprend à connoître la ftructure de nos corps, qui ont un rapport fi intime avec les opérations de l'ame : la Medecine nous enfeigne à guérir les maladies qui nous affligent : & la Morale nous fait connoître la nature, & l'étendue de nos devoirs.

Voilà, ce qui doit faire l'objet de notre étude : mais auffi on doit fe fouvenir que l'homme n'eft pas né pour la contemplation, & qu'une feule action, qui peut être utile à nos femblables, vaut cent fois mieux que les plus belles réflexions de la plus longue vie.

E V I D E N C E.

L'évidence eft la marque qui diftingue la vérité de l'erreur.

E X A C T I T U D E.

L'exactitude eft une attention de

ne rien omettre de ce qu'on a promis de faire dans le tems, & de la façon prescrite : l'exactitude demande de la mémoire ; elle est aussi nécessaire à l'homme dans sa conduite, qu'indispensable dans les traités.

L'exactitude est aussi une qualité du style qu'on exige dans les définitions & raisonnemens.

E X C È S.

L'excès est ce qu'il y a de trop. C'est le devoir du sage de chercher à les éviter ; car nous y sommes naturellement portés, & nous les rencontrons partout, même dans les meilleures choses. La modération lui est opposée, & c'est surtout en quoi consiste la vertu & le bonheur.

E X E M P L E.

L'exemple est ce qui peut servir de modele, ce qui peut-être imité. Il est plus puissant pour former les mœurs, que les plus beaux dis-

cours de la morale ; ainsi les peres &
les meres, & tous ceux qui sont commis pour nous instruire, doivent
plûtôt nous prêcher d'exemple, que
d'employer tant d'inutiles déclama-
tions contre le vice : c'est envain
qu'une mere prêche la continence à
sa fille, si elle est débauchée.

Exemple. On aime assez, dit M. de
Massillon, à donner à des enfans des leçons
de vertu & de probité ; on se fait honneur même de leur débiter les maximes
les plus séveres & les plus héroïques de la
sagesse : mais la conduite domestique soû-
tient mal le faste & la vanité de ces instruc-
tions. On leur propose les vertus de leurs
ancêtres ; & on affoiblit, en les démentant
soi-même par des mœurs opposées, l'impression qu'avoit pû faire le souvenir de ces
anciens modéles. Ainsi, loin de leur inspirer des sentimens de vertu, par ces impressions contredites par nos exemples,
nous les accoûtumons à penser de bonne
heure, que la vertu n'est qu'un nom ; que
les maximes qu'on nous en débite ne sont
qu'un langage & une façon de parler, qui
a passé des peres aux enfans, mais que
l'usage a toûjours contredit ; & qu'enfin,

ceux qui en ont paru dans tous les tems les plus zélés défenseurs, ont toûjours été au fond semblables au reste des hommes.

EXPÉRIENCE.

L'expérience est la connoissance que nous avons acquise des choses, soit par l'épreuve que nous en avons faite nous-même, ou que nous en avons vû faire aux autres, soit par nos réflexions, ou par les conseils d'autrui.

Il n'est pas nécessaire d'avoir beaucoup vécu pour avoir de l'expérience ; il suffit d'avoir beaucoup vû, ou beaucoup réflechi. Un jeune homme de trente ans, peut avoir plus d'expérience qu'un vieillard de quatre-vingts.

L'expérience physique est la maniere constante & uniforme, que la nature emploie dans ses opérations : les mêmes causes produiront constamment les mêmes effets.

EXTASE.

L'extase est un état d'immobilité, qui est causé par la surprise de quelque chose de merveilleux ; c'est une longue admiration.

Elle est aussi quelquefois causée par la force de l'imagination, qui s'attache si fortement aux objets qu'elle contemple, que l'usage des sens en est suspendu. Les mystiques & les amans sont souvent ravis en extase.

F.

FACILITÉ.

La facilité dans le caractere est une disposition à prendre les impressions qu'on nous donne. Cette disposition vient de ce que notre ame n'a pas assez de force, ou de connoissance, pour se déterminer d'elle-même à prendre un parti : & c'est pourquoi on la remarque plûtôt dans les jeunes gens, qui ne font pas encore formés.

Rien n'eft plus infipide dans le commerce de la fociété, que cette forte de caractere, qui n'a d'autre mérite que celui qu'auroit un automate, auquel l'on feroit faire les mêmes chofes.

FACULTÉ.

Nos facultés font le pouvoir & la facilité que nous avons de faire une chofe plûtôt qu'une autre.

FADE.

Un homme fade eft un homme qui n'a point à lui de caractere marqué, qui ne penfe pas par lui-même, & qui eft toûjours du fentiment du dernier qui lui parle.

FAMILIARITÉ.

La familiarité eft une maniere de vivre fans gêne ni contrainte avec les perfonnes, que le hafard, l'habitude, ou la néceffité des affaires nous préfentent.

C'eft la familiarité qui fait le charme de la fociété, quand on fait la contenir dans de juftes bornes, & qu'elle n'eft ni cauftique, ni févere : mais elle devient fouvent la caufe de bien des ruptures, lorfqu'elle néglige les ménagemens qu'on doit à l'amour-propre de nos amis mêmes ; ainfi, la familiarité demande une grande connoiffance du caractere des perfonnes avec lefquelles nous vivons. C'eft le cœur autant que l'efprit, qui nous fait fentir les égards que nous devons à un chacun : nous devons juger par notre propre fentiment, l'effet que produiront nos actions & nos difcours : mais pour prendre tant de précautions, il faut vouloir confer-ver fes amis : & c'eft très-fouvent ce dont on ne fe foucie guere.

FANATISME.

Les fanatifme eft un zele outré

des vertus. La vérité, la religion l'amitié, l'amour de la patrie a ſes fanatiques.

Le fanatiſme prend ſa ſource dans le tempérament : les gens d'une imagination forte & les mélancoliques y ſont naturellement portés ; & l'on remarque que l'eſprit n'a pas aſſez de force pour nous en préſerver, puiſque tant de grands hommes n'ont pû s'en garantir.

Le fanatiſme eſt contraire à la ſageſſe, à la modération, & à l'eſprit du chriſtianiſme, qui nous recommande l'amour de nos ſemblables.

La diſcorde attentive en traverſant les airs,
Entend ces cris affreux, & les porte aux Enfers ;
Elle amene à l'inſtant de ces Royaumes ſombres
Le plus cruel tyran de l'empire des ombres.
Il vient. Le Fanatiſme eſt ſon horrible nom :
Enfant dénaturé de la Religion,

Armé pour la défendre, il cherche à la
    détruire,
Et reçû dans fon fein, l'embrafé & le
    déchire.
C'eft lui qui dans Rabba, fur les
    bords de Larnon,
Guidoit les defcendans du malheureux
    Ammon,
Quand à Moloch, leur Dieu, des meres
    gémiffantes.
Offroient de leurs enfans les entrailles
    fumantes.
Il dicta de Jephté le ferment inhumain ;
Dans le cœur de fa fille il conduifit fa
    main ;
C'eft lui qui de Calchas ouvrant la bou-
    che impie,
Demanda par fa voix la mort d'Iphigé-
    nie.
France, dans tes forêts il habita long-
    tems ;
A l'affreux Teutatès il offrit ton encens.
Tu n'as point oublié ces facrés homi-
    cides,
Qu'à tes indignes Dieux préfentoient tes
    Druides.
Du haut du Capitole, il crioit aux
    Payens :
Frappez, exterminez, déchirez les Chré-
    tiens.

Voltaire.

FANFARON.

FANFARON.

Le fanfaron est celui qui vante son courage, soit qu'il en ait, ou qu'il n'en ait pas : cependant on se sert assez communément de ce terme, quand on veut parler d'un faux brave, parce que le caractere de la véritable bravoure est d'être modeste.

FATALITÉ.

La fatalité est une destinée malheureuse qu'on ne peut éviter : c'est un des préjugés de l'antiquité, & de ceux qui croient la prédestination.

Cette opinion si contraire à la morale & à la politique, n'est fondée sur aucune bonne raison.

FATUITÉ.

La fatuité est l'expression d'une confiance présomptueuse.

FAUSSETÉ.

La fausseté est une disposition à la

tromperie. On n'eſt faux dans le commerce de la vie, que lorſqu'on a deſſein de tromper quelqu'un.

La fauſſeté eſt un vice du cœur, qui prend ſa ſource dans un amour-propre mal entendu, & qui préfere l'intérêt perſonnel à celui des autres.

FAUTE.

La faute eſt un manquement contre la Loi, ou contre les regles de quelque art.

Les fautes en morale different des vices, en ce qu'elles ſont les effets de la fragilité humaine, au lieu que le vice l'eſt de la volonté ; les unes ſont excuſables, & l'autre ne l'eſt pas.

Les fautes contre les regles de l'art, viennent de l'imperfection de la connoiſſance, ou de la difficulté de l'exécution.

FÉCONDITÉ.

La fécondité eſt une qualité de l'eſprit, qui abonde en idées. Cette abondance lui vient de la perfection des fens qui communiquent facilement à l'ame l'impreſſion qu'ils reçoivent des objets, de la vivacité de l'imagination qui ſe les repréſente, & de la fidélité de la mémoire qui les conſerve.

FÉLICITÉ.

La félicité eſt le ſentiment du bonheur. Un homme peut être heureux ſans joüir de la félicité. Un chagrin paſſager, une légere douleur, les ſuites d'une maladie, un *méſaiſe*, un rien l'empêche ſouvent de ſentir ſon bonheur.

FEMME. HOMME.

La différence qu'on remarque dans l'homme & la femme, vient non-ſeulement de l'éducation, mais auſſi de leur nature. Les fibres de la femme ſont ordinairement plus déliés, ce qui rend les ſens plus fins, & le ſentiment intérieur plus délicat.

Cette difpofition naturelle leur fait préférer les objets fenfibles aux êtres métaphyfiques, les qualités aimables aux qualités effentielles, le brillant au folide, le luxe & le fafte à la propreté & à la commodité.

C'eft auffi ce qui les rend fenfibles à la piété, inconftantes & légeres, & fouvent capricieufes. La trace qu'y laiffent les objets n'étant pas affez profonde, elle eft aifément effacée par une nouvelle impreffion : de forte que l'objet préfent l'emporte fouvent chez elles fur celui qui eft abfent. Mais fi l'homme a quelque avantage du côté du jugement & de la raifon, avantage qu'il doit autant à l'éducation qu'à la nature, il faut convenir que le commerce des femmes bien nées, a un charme qu'on chercheroit vainement dans celui des hommes les plus aimables. Ce charme eft la douceur & la délicateffe de l'efprit & des fentimens qu'on remarque dans tous leurs difcours, & dans toutes leurs actions. L'ufage leur laiffe la pratique des vertus obfcures, les plus difficiles fans contredit, & les plus ingrates : tandis qu'il réferve aux hommes les vertus d'éclat. Cependant, malgré tous ces avantages imaginaires qu'ils doivent au préjugé, ils font obligés de convenir que le commerce des femmes eft plus aimable, parce qu'elles fe laiffent plus conduire par le cœur que par l'efprit, & que c'eft toûjours le cœur qui fait le charme de la fociété.

Les femmes ont encore plus de ce que l'on appelle communément efprit, que les hommes. Elles l'ont plus naturel, parce qu'elles reçoivent leurs idées de l'impreffion immédiate des objets, parce qu'elles penfent & raifonnent d'après la fenfation qu'ils produifent, tandis que nous adoptons follement les penfées & les fentimens des autres.

Femme. Les deux fexes, dit M. *Du Clos,* ont en commun les vertus & les vices. La vertu a quelque chofe de plus aimable dans les femmes ; & leurs fautes font plus dignes de grace, par la mauvaife éducation qu'el- les reçoivent. Dans l'enfance, on leur parle de leurs devoirs, fans leur en faire connoî- tre les vrais principes ; les amans leur tien- nent bientôt un langage oppofé : comment peuvent-elles fe garantir de la féduction ?

La célebre Ninon l'Enclos, amante lé- gere, amie folide, honnête-homme & Phi- lofophe, fe plaignoit de la bifarrerie & de l'injuftice du préjugé à cet égard. J'ai réfléchi, difoit elle, dès mon enfance, fur le partage inégal des qualités qu'on exige dans les hommes & dans les femmes ; je vis qu'on nous avoit chargées de ce qu'il y avoit de plus frivole, & que les hommes s'é- toient réfervé le droit aux qualités effen- tielles : dès ce moment je me fis homme.

Il femble que la vertu d'une femme foit dans ce monde un être étranger, contre le- quel tout confpire : l'amour féduit fon cœur ; elle doit être en garde contre la fur- prife des fens. Quelquefois l'indigence, ou d'autres malheurs encore plus cruels, l'em- portent fur toute la fermeté d'une ame trop long-tems éprouvée : il faut qu'elle fuc- combe. Le vice vient alors lui offrir des fe- cours intereffés, ou d'autant plus dange- reux, qu'ils fe montrent fous le mafque de la générofité : le malheur les accepte, la reconnoiſſance les fait valoir, & une vertu s'arme contre l'autre. Environnée de tant d'écueils, ſi une femme eſt ſéduite, ne devroit-on pas regarder ſa foibleſſe, plûtôt comme un malheur, que comme un crime ?

FERMETÉ. *Voyez* Force.

FÉROCITÉ. *Voyez* Brutalité.

FIDÉLITÉ.

La fidélité eſt la conſtante obſervation des devoirs que nous nous ſommes impoſés par nos engagemens, ſoit par ſerment, par écrit, verbalement, ou tacitement. Tout engagement ſuppoſe une obligation réciproque ; car on ne s'engage point ſans trouver aucun avantage dans ſon engagement : ainſi, lorſque nous manquons à la condition expreſſe ou tacite, nous remettons la foi qu'on nous a promiſe.

Que ceux qui ſe plaignent de l'infidélité des autres s'examinent bien avant : ils reconnoîtront ſouvent qu'ils ont manqué les premiers de fidélité. Que les hommes font fouvent injuf-tes dans le jugement qu'ils portent fur la vertu des femmes ! s'ils vouloient remonter aux caufes, ils trouveroient que c'eft prefque toûjours la faute des maris, fi elles donnent dans le tra-vers.

FIERTÉ.

La fierté eft le fentiment de fes avantages : elle apporte dans le commerce de la fociété une confiance raifonnable ; & elle ne devient condamnable, que lorfqu'il s'y mêle un fentiment de hauteur ou de dédain.

FIN, *Voyez* BUT.

FINANCE.

La finance d'un état eft fes reve-nus. Elle doit attirer les premiers foins du miniftere ; c'eft par elle qu'un Etat fe conferve, & parvient à ce point de fplendeur & de puiffance,

qui le rend redoutable à ſes voiſins:
c'eſt au ſage Miniſtre à examiner,
pour l'entretenir & l'augmenter, les
moyens qui ſont le moins onéreux au
Peuple.

FINESSE.

La fineſſe de l'eſprit eſt une vive
pénétration, qui va chercher dans
les choſes ce qu'il y a de plus caché,
& qui rapproche les rapports qui paroiſſent les plus éloignés.

Cette qualité vient de l'étendue de
l'eſprit, qui embraſſe d'un coup
d'œil les différentes faces d'un objet;
& elle s'exerce ſur les choſes d'agrémens; car lorſque la pénétration s'ap-
plique aux choſes de raiſonnement,
elle change de nom : & ce qu'on nomme fineſſe par rapport à l'imagination, s'appelle profondeur en ce qui regarde la réflexion. *Voyez* Profondeur.

FLATTERIE.

La flatterie eſt l'art de ſéduire par

de fauſſes loüanges, & par des complaiſances baſſes. C'eſt la reſſource des fripons, & des gens ſans mérite.

FOIBLESSE.

La foibleſſe eſt l'effet de la fragilité. *Voyez* Fragilité.

FOLIE.

La folie eſt l'aliénation de l'eſprit ; c'eſt ſouvent l'effet de la maladie ou des paſſions, qui dérangent l'œconomie animale. *Voyez* Manie.

FORCE.

La force eſt une vigueur de l'ame qui réſiſte aux obſtacles. Elle renferme le courage, la fermeté, & la patience. *Voyez* Patience & Courage.

La fermeté eſt une conſtance à ſuivre nos projets, malgré toutes ſortes d'obſtacles. Elle n'eſt vertu que dans les entrepriſes juſtes & raiſonnables.

La force de l'eſprit, dit M. *de Vauvenargue*, eſt le triomphe de la réflexion : c'eſt un inſtinct ſupérieur aux paſſions, qui les calme & qui les poſſéde à ſon gré. On ne peut pas ſavoir d'un homme, qui n'a pas les paſſions ardentes, s'il a de la force d'eſprit : il n'a jamais été dans des épreuves aſſez difficiles.

La force dans l'expreſſion, vient de celle du ſentiment ; elle ſe caractériſe par le tour de l'expreſſion.

FORFAIT.

Les forfaits ſont des grands crimes. *Voyez* Crimes.

Quelque crime toûjours précede les
    grands crimes.
Quiconque à pû franchir les bornes lé-
    gitimes,
Peut violer enfin les droits les plus ſa-
    crés.
Ainſi que la vertu le crime a ſes dégrés ;
Et jamais on n'a vû la timide innocence
Paſſer ſubitement à l'extrème licence.

Racine.

FORTUNE.

La fortune d'un homme eft l'état de fes richeffes. *Voyez* Richeffes.

FOURBERIE.

La fourberie eft l'art de tromper avec rufe.

FRAGILITÉ.

La fragilité eft le penchant du tempérament, qui force, pour ainfi dire, nos actions, malgré les efforts de la raifon qui s'y oppofe ; elle entraîne notre volonté, plutôt qu'elle ne la détermine : c'eft pourquoi elle eft en quelque forte excufable ; car il eft conftant que nous pourrions vaincre nos penchans, fi la paffion ne les entretenoit par une lâche complaifance. La fragilité qui naît des befoins de la nature, mérite feule notre indulgence.

FRANCHISE.

La franchise est l'expression naïve de nos pensées; elle diffère de la sincérité par les idées accessoires de simplicité & d'innocence qu'elle renferme. *Voyez* Sincérité.

FRIAND. GOURMAND.

Le friand est celui qui aime les bons morceaux ; le gourmand est celui qui mange beaucoup : l'un cherche la qualité, & l'autre la quantité. Le friand annonce ordinairement de l'esprit, de la délicatesse, & de la volupté : le gourmand n'a que de la sensualité.

FRIPONNERIE.

La friponnerie est un penchant au vol, qui nous vient ordinairement de la paresse.

FRIVOLITÉ.

La frivolité est le goût de la bagatelle ; c'eſt la marque de peu d'eſprit.

Un homme qui a des vûes d'intérêt, affecte quelquefois d'être frivole, vis-à-vis des perſonnes qui le ſont, afin de gagner leur confiance & leur amitié ; car nous n'aimons que les gens que nous croyons qui nous reſſemblent, & auxquels notre imagination prête ſouvent nos bonnes, ou nos mauvaiſes qualités.

Frugalite'.

La frugalité eſt l'amour de la ſimplicité dans le boire & le manger. Elle ſe contente de la nourriture que la nature nous fournit, ſans rechercher l'apprêt & la délicateſſe que l'art de la cuiſine moderne a inventé. Elle diffère de la ſobriété, en ce que celle-ci regarde la quantité des alimens : la frugalité eſt oppoſée à la friandiſe, & la ſobriété à la gourmandiſe.

G.

GAIETÉ.

La gaieté est un sentiment de complaisance dans nos possessions. Il naît de la considération de leur utilité relativement à nous.

La gaieté diffère de la joie, en ce qu'elle est moins vive, & qu'elle est le fruit de la réflexion, au lieu que la joie est l'effet du tempérament. *Voyez* Joie.

GALANTERIE.

La galanterie est l'art de séduire par la loüange & la coquetterie.

La galanterie n'est gueres connue qu'en France, où la mode, qui influe sur les mœurs, fait consister la gloire d'un sexe dans ce qui fait la honte de l'autre, dans la fureur des bonnes fortunes.

La galanterie diffère de l'amour, en ce que celui-ci est un besoin du

cœur, & l'autre un vice de l'esprit.
Cependant la galanterie n'est pas
toûjours un vice : on se sert quelquefois de ce terme, pour exprimer le
penchant qu'un sexe a pour un autre ; penchant épuré par l'esprit, &
qui n'a pour objet que le commerce
délicat des sentimens, plus vif d'un
sexe à un autre , que celui qu'on
voit entre les personnes d'un même
sexe.

Ce commerce est propre à polir
l'esprit, & à former le cœur : mais il
conduit quelquefois à l'amour, qui,
comme je l'ai déja dit, est un bien
ou un mal, suivant sa nature & son
objet.

GE'NE'ROSITE'.

La générosité est le sacrifice de
l'intérêt personnel au bien des autres :
c'est la réflexion qui la fait naître en
nous.

La générosité differe de la libéralité, en ce qu'elle est la cause dont

cette

cette derniere n'eſt que l'effet. *Voyez* Libéralité.

Un homme véritablement géné-reux n'a en vûe que le plaiſir d'o-bliger, ce qu'il fait ſouvent ſans ſe faire connoître : celui qui n'oblige que dans quelque vûe d'intérêt, ſoit de récompenſe, ou de reconnoiſſan-ce n'eſt plus généreux. La récompen-ſe du généreux eſt au fond de ſon cœur.

GÉNIE. *Voyez* Eſprit.

Les Arts & les Sciences ont leur génie, auſſi bien que les Belles-Let-tres : c'eſt l'invention & un certain caractere original, qui font connoî-tre le génie.

GLOIRE.

La gloire eſt l'éclat que fait la ré-putation. La plûpart des hommes la regardent comme arbitraire ; les uns l'attachent aux petits talens, d'au-tres aux grands, quelques-uns la font confister dans les actions de fermeté, enfin, chacun la place dans les chofes qui ont le plus de rapport à lui, dans les chofes qui nous environnent, comme le luxe & les richeffes, l'efprit & les talens : mais la véritable, la folide gloire prend fa fource dans l'amour des hommes, & doit être la récompenfe du mérite & de la vertu, quoiqu'elle foit fouvent le partage de ceux qui ont les défauts brillans.

La gloire eft un bien, puifqu'elle nous attire la confidération, le refpect & l'eftime, lorfqu'elle eft fondée fur la vertu : on doit faire fes efforts pour la mériter : mais on doit fe confoler, lorfque l'on ne peut pas l'obtenir, lorfque l'envie, la malignité & l'injuftice nous la refufent.

Gourmand. *Voyez* Friand.

Goust.

Le goût eft un efpece d'inftinct, qui nous découvre dans l'inftant, &

Avec le secours de la réflexion, le bon & le beau des ouvrages d'agrément. Il ne juge que des choses sensibles; & c'est en quoi il differe du jugement, qui s'étend sur tout, mais dont les décisions ne sont pas toûjours aussi justes que celles du goût.

Le goût naît d'une heureuse disposition des organes, & se perfectionne par la lecture des bons livres, & la connoissance des belles choses.

Goût. Le goût, dit M. *Du Clos*, est un heureux don de la nature, qui se perfectionne par l'étude & par l'exercice. Il apperçoit d'un coup d'œil les défauts & les beautés d'un ouvrage; il les compare, il les apprécie, & les juge: mais cet examen & ce jugement sont si fins & si prompts, qu'ils paroissent plûtôt l'effet du sentiment, que de la discussion.

GOUVERNEMENT.

Le gouvernement politique se divise en plusieurs especes, dont le despotique, l'état républicain & le monarchique, sont les principales.

L'état républicain eſt démocrati-
que, comme Luques, Raguſe, &c.
ou ariſtocratique, comme Veniſe,
Gênes, &c. ou l'un & l'autre enſemble, comme les Provinces Unies.

Le gouvernement monarchique eſt
dépendant des lois de l'état, à la différence du deſpotiſme qui eſt indépendant ; il eſt ſouvent mêlé d'ariſtocratie, comme la Pologne ; & quelquefois d'ariſtocratie & de démocratie tout enſemble, comme le gouvernement d'Angleterre. *Voyez* Ces
différens gouvernemens à leur place.

GRANDEUR D'AME.

La grandeur d'ame eſt un inſtinct
élevé de l'ame, qui nous porte au
beau, au grand, à l'honnête, & nous
inſpire le mépris des biens faux &
périſſables. Ennemie de la pareſſe,
elle nous donne l'émulation, ſource
des talens, & la fermeté néceſſaire
pour exécuter les grandes choſes.

Elle brille davantage dans un rang

élevé : mais elle peut fe trouver dans le peuple. Elle éclate dans le maintien, par la décence ; dans les manieres, par la nobleffe & les graces ; dans les difcours les plus indifférens, par des nuances fines & délicates. Elle nous fait refpecter, quand elle eft accompagnée de bonté & de douceur : mais elle nous fait haïr, & devient hauteur, fi elle n'eft pas tempérée par ces vertus. Dans les grands, elle embellit le fafte, elle réprime la fotte vanité qu'excitent les richeffes, elle impofe par un mélange de gravité & d'enjoüement, d'indulgence & de févérité ; elle méprife les flateurs, loüe, aime le mérite dans les autres, excite les talens, & ne craint, ni les dangers, ni les peines, ni même les fupplices.

La véritable grandeur d'ame a fa fource dans le cœur, elle eft le fruit de l'éducation & de la réflexion, au moins autant que l'effet d'un heureux tempérament : c'eft dans l'adversité que la grandeur d'ame brille le plus.

> Souvent le courage héroïque
> N'est qu'un fantôme chimérique
> Que soûtient la prosperité.
> Et si l'or s'éprouve à la flamme,
> La véritable grandeur d'ame
> S'éprouve dans l'adversité.

Recueil de l'Académie Fran-çoise, année 1715.

GRACES.

Les graces sont des agrémens qui accompagnent notre maintien, nos discours & nos actions. Elles consistent dans le rapport des attitudes, des gestes, des expressions, des pensées, avec la fin qu'on se propose : elles renferment une idée de douceur.

GRAVITE'.

La gravité dans le maintien, est un air sérieux & concerté, qui semble exiger du respect. Elle paroît né-

cessairement attachée aux dignités,
aux places, aux emplois, qui demandent de la représentation : partout
ailleurs elle devient ridicule.

GRONDEUR.

Le grondeur est celui qui est toujours mécontent des autres, & qui
les reprend sans sujet : cette disposition vient du tempérament mélancolique.

GROSSIERETÉ.

La grossiereté est un défaut de politesse, qui se trouve dans ceux dont
l'esprit n'a pas été cultivé : c'est quelquefois aussi un vice du tempérament, qui est accompagné de brus-
querie, & qu'on remarque dans ceux
en qui l'humeur domine.

On entend aussi par grossiereté,
un défaut de délicatesse : ce défaut a
la même origine que l'autre, la mauvaise éducation.

GUERRE.

La guerre est la maniere de terminer par la voie des armes, les différens qui s'élevent entre les Etats. C'est un mal qui naît souvent de l'ambition des Princes, & quelquefois de l'intérêt de l'Etat, & qui pour lors devient nécessaire pour en éviter un plus grand.

Il faut pour éviter la guerre, être toûjours en état de la faire, avoir un certain nombre de troupes bien disciplinées, des munitions & de l'argent toûjours prêts au besoin.

L'esprit militaire qui cause l'aggrandissement d'un état, produit indubitablement sa ruine dans la suite, parce qu'il inspire l'esprit de domination ; & que l'esprit de domination excite la crainte, la haine & l'envie de nos voisins, & qu'enfin tôt ou tard on en est la victime. La justice jointe à la force, est le plus ferme soûtien d'un Etat.

H.

HABITUDE,

L'habitude eſt un penchant qui nous porte à agir d'une maniere conſtante & uniforme : c'eſt la répétition des mêmes actes qui la forme en nous, & c'eſt l'éducation qui nous la donne.

L'habitude a quelquefois le pouvoir de changer la nature, ou du moins de l'affoiblir beaucoup.

HAINE.

La haine eſt un ſentiment d'averſion ; c'eſt un éloignement que nous reſſentons pour tout ce que nous regardons comme un mal, & qui nous porte à le fuir.

La haine eſt preſque toûjours un mouvement aveugle qui nous entraîne, & qui prévient tout raiſonnement : le vice ſeul mérite notre haine.

Haine. La haine changée en Euménide, dit le Fere *Brumoi*, fut jadis une paffion utile & exemte de fureur. L'amour iffu du chafte fein de la nature innocente, refpiroit un air pur. Né pour chercher la félicité fuprème, pour fe nourrir de la vertu, & pour puifer dans fa fource, il ne laiffa pas de s'écarter de fa route, d'être féduit par des beautés mortelles, & d'engluer fes aîles, faites pour l'élever aux Cieux : il en fut ainfi de la haine. Ses mœurs furent d'abord auffi pures que fon origine. Née pour éviter les maux, pour hair le vice, pour conferver les vertus, elle eut elle-même un air de vertu. Avant que fa pureté fût entierement altérée, elle fervit à épouvanter les tyrans, à châtier féverement les hommes vicieux, à livrer les fcélérats aux furies vengereffes, & à marquer le crime d'une ineffaçable noirceur. Mais comme il eft écrit que tout dégénere, elle vint à dégénérer comme l'amour même. La fcélératelle qui fe cachoit vainement à fes yeux fous les lambris dorés, redoutoit fes regards, jufques fur le throne : elle la vit depuis fans frémir. Elle ceffa de punir le crime. Elle flata les coupables. Elle réferva toute fon averfion pour la vertu qu'elle avoit aimée, & pour les hommes vertueux qu'elle avoit vengés. Ce fut peu pour elle de s'attacher aux mortels. Elle ofa défier

les Dieux mêmes. Guerre impie, commencée par l'exécrable témérité des Géans, &
poursuivie par des insensés qui firent gloire
de surpasser les Titans en audace. La haine
devint une Tisiphone. Elle évoqua du Co-
cyte tous les monstres infernaux. Elle en
tira des morts inconnues jusqu'alors, glaives recourbés en faulx, pierriers, ballistes,
flêches acérées, foudres d'airain, fusils ar-
més de bayonnettes, & cent arts plus dé-
testables encore ; secrets funestes, paroles
mortelles, poisons subtils, que l'épouse
prépare à son époux, pour agir par dégrés
jusqu'au moment prescrit ; incendies de
procès que rien ne peut éteindre, traits en-
venimés que la langue décoche à coup sûr ;
discordes invétérées de familles, que l'ayeul
laisse à ses derniers neveux, querelles qu'un
sang coupable fomente & perpétue ; taches
immortelles dont on flétrit des noms res-
pectés, écrits sanglans, morsures cruelles,
ignominies affreuses, guerre & duels que
la mort ne termine pas. C'est sous les aus-
pices de la haine, que parurent la trahison
au teint pâle, & la calomnie au ris équivo-
que. Voyez ces furies aiguiser dans leurs
mains le trait qu'elles destinent à un ennemi
absent. Voyez l'envie avec sa démarche
tremblante, son col penché, son œil obli-
que, & ses regards errans & courroucés.
Elle tue, elle empoisonne de la vûe, com-

me le Baſilic : mais ne croyèz pas, que nì elle, ni ſes deux autres ſœurs faſſent toûjours voir leurs têtes entourées de ſerpens. Non, l'envie ne ſe montre pas aux mortels, comme elle ſe montra jadis à Minerve : elle a ſoin de cacher ſous le fard & ſous des cheveux empruntés, ſa maigreur & ſon air hideux. Elle affecte un ris concerté, & des graces peu naturelles pour ſéduire. Savante dans l'art politique des éloges ambigus, elle en donne aux talens & aux ſuccès : elle endort & flate ceux qu'elle veut perdre. Puis de la main qui les careſſe ſortent des griffes horribles, qui déchirent impitoyablement leur proie : de-là les pleurs amers. Ce ſont les mets dont ſe repaiſſent les trois furies.

HASARD.

Le haſard eſt tout ce qui arrive ſans cauſe, & comme ne pouvant pas arriver ; c'eſt un être de raiſon qu'on ne peut pas concevoir. Epicure & ſes diſciples le regardoient comme le principe de tout ce qui exiſte : heureuſement ce ſyſtème, qui eſt dangereux pour la morale, n'a pas fait fortune : la raiſon nous a démontré qu'un être souverainement intelligent pouvoit seul avoir créé, & pouvoit seul conserver tout ce qui est dans l'univers.

HAUTEUR.

La hauteur est le sentiment de la supériorité que l'on croit avoir sur les autres, & qu'on leur témoigne sans ménagement pour leur amour-propre ; c'est une fierté ridicule que nous inspirent la naissance, les talens, les avantages de la nature & de la fortune, dont nous nous glorifions pour abaisser les autres. Elle vient de la bonne opinion qu'on a de soi-même, & du mépris d'autrui.

HÉROISME.

L'héroïsme est la pratique d'une vertu éminente ; il prend sa source dans la grandeur d'ame, & s'étend sur tous les genres de vertu, quoique communément on ne l'emploie que pour signifier ce courage brillant,

cette valeur qui méprise les périls &
la mort même. Un infortuné qui
souffre patiemment les revers de la
fortune, ou qui s'immole au bien de
l'état, de sa famille ou de ses amis,
est plus héros que celui qui affronte
les dangers.

HYPOCRISIE.

L'hypocrisie est le masque de la
vertu ; c'est l'affectation de la piété,
ou des vertus qu'on n'a pas. Ce vice
prend sa source dans l'esprit.

> L'hypocrite en fraudes fertile,
> Dès l'enfance est paîtri de fard ;
> Il sait colorer avec art
> Le fiel que sa bouche distille :
> Et la morsure du serpent
> Est moins aiguë & moins subtile,
> Que le venin caché que sa langue répand.

Rousseau.

HOMME.

L'homme est un composé des qualités les plus opposées ; c'est un assem-

blage de vices & de vertus, de forces & de foiblesses, de grandeurs &
de petitesses, d'intelligence & de stupidité: mais enfin tel qu'il est, il est
plus foible que méchant; & à ce titre, il mérite plus notre compassion,
que notre haine. *Voyez* Femme.

Quel mélange étonnant! quel étrange
 problème!
En lui que de lumiere, & que d'obscurité!
En lui quelle bassesse, & quelle majesté!
Il est trop éclairé pour douter en scepti-
 que,
Trop foible pour s'armer de la vertu
 stoïque.
Seroit-il en naissant au travail con-
 damné?
Aux douceurs du repos seroit-il destiné?
Tantôt de son esprit admirant l'excel-
 lence,
Il pense qu'il est Dieu, qu'il en a la
 puissance;
Et tantôt gémissant des besoins de son
 corps,
Il croit que de la brute, il n'a que les
 ressorts.
Ce n'est que pour mourir qu'il est né,
 qu'il respire:

Et toute sa raison n'est presque qu'un
    délire.
S'il ne l'écoute point, tout lui devient
    obscur :
S'il la consulte trop, rien ne lui paroît
    sûr.
Cahos de passions & de vaines pensées ;
Admises tour à tour, tour à tour re-
    poussées ;
Dans ses vagues désirs, incertain, in-
    constant,
Tantôt fou, tantôt sage, il change à cha-
    que instant ;
Egalement rempli de force & de foi-
    blesse ;
Il tombe, il se releve, & retombe sans
    cesse.
Seul il peut découvrir l'obscure vérité ;
Et d'erreur en erreur il est précipité.
Créé maître de tout, de tout il est la
    proie ;
Sans sujet il s'afflige, ou se livre à la
    joie ;
Et toûjours en discorde avec son propre
    cœur,
Il est de la nature & la honte & l'honneur.
Va, sublime mortel, fier de ton excel-
    lence ;
Ne crois rien d'impossible à ton intelli-
    gence,
Le compas à la main mesure l'univers ;
    Régle

Regle à ton gré le flux & le reflux des
  mers ;
Fixe le poids de l'air, & commande aux
  Planetes ;
Détermine le cours de leurs marches fe-
  cretes ;
Soûmets à ton calcul l'obfcurité des tems,
Et de l'aftre du jour conduis les mouve-
  mens.
Va, monte avec Platon jufques à l'em-
  pyrée,
Cherche la vérité dans fa fource facrée ;
Et joignant la folie à la témérité,
Plonge-toi dans le fein de la Divinité ;
Dans ton aveugle orgueil inftruis l'Etre
  fuprême,
Apprends à gouverner à la fageffe même :
Et déchû de l'efpoir qui féduifoit ton
  cœur,
Rentre dans ton néant, rougis de ton
  erreur.
Des céleftes efprits la vive intelligence
Regarde avec pitié notre foible fcience.
Newton, le grand Newton, que nous
  admirons tous,
Eft peut-être pour eux, ce qu'un Singe
  eft pour nous.
Toi, qui jufques aux Cieux ofes porter
  ta vûe,
Qui crois en concevoir & l'ordre & l'é-
  tendue,

M

Toi, qui veux dans leurs cours leur pref-
crire la loi,
Sais-tu régler ton cœur, sais-tu régner
sur toi ?
Ton esprit, qui surtout vainement se fatigue,
Avide de savoir, ne connoît point de
digue :
De quoi par ses travaux s'est-il rendu
certain ?
Peut-il te découvrir ton principe & ta
fin ?

Pope.

HONNÊTETÉ.

L'honnêteté est une maniere d'a-
gir suivant les lois de la pudeur ; elle
differe de la bienséance, en ce qu'elle
est d'une signification moins étendue.

HONNEUR.

L'honneur est le desir de s'avancer
par toutes les choses de convention,
qui nous font réussir dans le monde :
c'est le fantôme de la vertu ; il se pare
des qualités qu'elle possede.

L'honneur est le principe des actions dans l'état monarchique ; il nous attire souvent la considération par les mêmes choses qui devroient nous l'ôter. N'est-il pas bien singulier qu'on ait attaché l'honneur d'un sexe à ce qui le fait perdre à l'autre ? L'honneur est le principe le plus faux, & à la honte de la raison l'aiguillon le plus puissant, pour nous exciter aux grandes actions, par l'espoir des récompenses de la fortune, des honneurs & de la gloire.

HONTE.

La honte est le sentiment intérieur d'une action ou d'une pensée qui blesse l'honnêteté ; c'est un témoignage de la conscience qui nous condamne : elle se manifeste aux autres par une rougeur subite.

La honte est aussi quelquefois causée par la crainte du blâme, & l'ignorance des usages établis dans la société. C'est le défaut des jeunes gens qui entrent dans le monde.

HUMANITÉ.

L'humanité eſt l'amour des hommes ; c'eſt un ſentiment de bienveillance qui nous excite à faire leur bonheur, ſoit par nos conſeils, ſoit par notre exemple, ou nos bienfaits : c'eſt le principe du bien moral.

L'humanité eſt le fruit d'une bonne éducation, & d'un amour-propre éclairé, qui raiſonne ſur ſes véritables intérêts : c'eſt auſſi ſouvent l'effet d'un heureux tempérament. Les perſonnes qui joüiſſent d'une façon d'exiſter agréable, ſont naturellement portées à l'amour de l'humanité : l'effet du bonheur eſt de chercher à ſe communiquer.

HUMEUR.

L'humeur eſt la qualité dominante du tempérament ; mais ſouvent on entend par ce terme, cette diſpoſition du tempérament mélancolique, qui nous porte à la tristesse & à l'antipathie.

HUMILITÉ.

L'humilité est le sentiment de l'imperfection de notre être, qui nous porte à nous abaisser : c'est l'effet du tempérament mélancolique.

L'humilité est aussi une vertu chrétienne, qui nous fait sentir notre néant devant Dieu.

L'humilité diffère de la modestie, en ce que celle-ci se contente de ne point s'élever, & celle-là se plaît même à se rabaisser.

I.

JALOUSIE.

La jalousie est un vif sentiment de crainte, qui accompagne la poursuite d'un bien qu'on nous dispute, ou la joüissance de celui qu'on veut nous enlever.

C'est moins la défiance que nous

ferions fouvent fondés d'avoir pour nous-mêmes, qui fait naître la jalou- fie, que la mauvaife opinion que nous avons des perfonnes de qui dé- pend ce qui fait l'objet de nos de- firs, ou de notre joüiffance ; cepen- dant quelque déguifement qu'emploie l'amour - propre pour fe cacher ce qui l'humilie, avec un peu de retour fur nous-mêmes, nous ferons obligés de convenir que la défiance de nous- mêmes y entre pour beaucoup : & que la jaloufie n'eft qu'un fecret aveu du peu que nous valons. L'exemple des vieillards & des perfonnes laides & de peu d'efprit, qui font plus portés à la jaloufie que les autres, appuie cette réflexion.

La jaloufie eft un vice de l'efprit : elle eft non-feulement inutile ; mais elle eft même nuifible à celui qu'elle poffede.

Quiconque eft foupçonneux invite à le trahir.

Voltaire.

IDÉES.

Les idées font les fignes qu'on a attachés à chaque objet, pour le reconnoître & le diftinguer des autres.

Les fignes font compofés de fyllabes, les fyllabes font compofées de lettres. Ces fortes de fignes s'appellent mots : ainfi l'idée eft la fignification d'un terme ; c'eft le nom qu'on a donné à une chofe, c'eft le figne qui la repréfente.

Toutes les idées fimples nous viennent des fens ; les idées compofées, qui font autant de fignes qui nous repréfentent les opérations de l'efprit, nous viennent de la réflexion ; c'eft ce qu'on appelle notion. Les idées fimples font les fignes qui nous repréfentent les objets fenfibles. Il y a long-tems qu'on regarde les idées innées comme la chimere des Philofophes.

Idée. Nos idées, dit le *Marquis Dargens*, s'acquierent par notre propre expérience, ou par les leçons que nous recevons. Lorſque les choſes nous ſont préſentes, alors nous faiſons uſage de nos ſens, pour éprouver & expérimenter quelles elles ſont, comme par la vûe nous diſtinguons les couleurs, & par l'oüie les différens ſons : mais ſi les choſes ſont abſentes & éloignées, nous apprenons par autrui quelles elles ſont, ſoit par les diſcours qu'on nous fait, ſoit par la lecture des Livres. Cependant, les idées que nous acquérons par nos propres ſens, ſont beaucoup plus parfaites, que celles que nous formons ſur le récit d'autrui ; car l'idée que nous recevons par une choſe qui tombe ſous nos ſens, eſt l'idée de la choſe même : au lieu que celle que nous recevons ſur la deſcription qu'on nous en fait, eſt plûtôt l'idée de cette deſcription, que de la choſe même. Auſſi voyons-nous qu'après avoir entendu ou lû quelque choſe, nous en avons bien véritablement une idée que nous conſervons : mais ſi le haſard vient à nous préſenter cette choſe réellement, l'idée que nous en concevons eſt bien plus juſte, & ſe trouve différente de la premiere. Notre eſprit s'attache plus à la repréſentation réelle d'une choſe, qu'au ſimple récit qu'on nous en fait. L'idée qui nous vient directement par nos propres ſens, eſt originale, & l'autre n'eſt qu'une copie, qui ſouvent eſt informe & fautive, ſuivant la perſonne ou le Livre dont nous l'avons reçûe. La prudence veut qu'avant que de fonder notre croyance fur ces idées, nous examinions fi elles n'ont rien de contraire aux notions évidentes, que nous recevons par nos propres fens.

JEUNESSE. *Voyez* Age.

IGNORANCE.

L'ignorance eft oppofée à la fcience. *Voyez* Science.

L'ignorance eft une des fources de nos erreurs ; & par conféquent l'ennemie la plus redoutable qui s'oppofe à notre bonheur.

Ignorance. Les caufes de notre ignorance, dit M. le *Marquis Dargens*, procedent donc premierement du manque de nos idées ; fecondement, de ce que nous ne pouvons découvrir la connexion qui eft entre les idées que nous avons ; troifiemement, de ce que nous ne réfléchiffons point affez fur nos idées; car fi nous confidérons en premier lieu, que les notions que nous avons par nos facultés, n'ont aucune proportion avec les chofes mêmes, puifque nous n'avons pas une idée claire & diftincte de la fubftance même, qui eſt le fondement de tout le reſte, nous reconnoîtrons aiſément combien peu nous pouvons avoir de notions certaines : & ſans parler des corps qui échappent à notre connoiſſance, à cauſe de leur éloignement, il y en a une infinité qui nous ſont inconnus à cauſe de leur petiteſſe. Or, comme ces atomes, ou parties ſubtiles qui nous ſont inſenſibles, ſont parties actives de la matiere, & les premiers matériaux dont elle ſe ſert, & deſquels dépendent les ſecondes qualités, & la plûpart des opérations naturelles, nous ſommes obligés, par le défaut de leur notion, de reſter dans une ignorance invincible, de ce que nous voudrions connoître à leur ſujet, nous étant impoſſible de former aucun jugement certain, n'ayant de ces premiers corpuſcules aucune idée préciſe & diſtincte.

S'il nous étoit poſſible de connoître par nos ſens ces parties déliées & ſubtiles, qui ſont les parties actives de la matiere, nous diſtinguerions leurs opérations méchaniques, avec autant de facilité, qu'en a un Horloger pour connoître la raiſon par laquelle une montre va ou s'arrête. Nous ne ſerions point embarraſſés d'expliquer, pourquoi l'argent ſe diſſout dans l'eau forte, & non point dans l'eau regale, au contraire de l'or qui ſe diſſout dans l'eau regale, & non pas dans l'eau forte. Si nos ſens pouvoient

aſſez aigus, pour appercevoir les parties actives de la matiere, nous verrions tra-
vailler les parties de l'eau forte ſur celles
de l'argent ; & cette méchanique nous ſeroit
auſſi facile à découvrir, qu'il l'eſt à l'Horloger de ſavoir comment, & par quel
reſſort ſe fait le mouvement d'une pendule.
Mais le défaut de nos ſens ne nous laiſſe
que des conjectures, fondées ſur des idées,
qui peut-être ſont fauſſes, & nous ne pouvons être aſſurés d'aucune choſe ſur leur
ſujet, de ce que nous pouvons en apprendre par un petit nombre d'expériences, qui
ne réuſſiſſent pas tôujours, & dont chacun
explique les opérations ſécrettes à ſa fan-
taiſie.

La difficulté que nous avons de trouver
la connexion de nos idées, eſt la ſeconde
cauſe de notre ignorance. Il nous eſt impoſſible de détruire en aucune maniere, les
idées des qualités ſenſibles que nous avons
en l'eſprit, d'aucune cauſe corporelle, ni
de trouver aucune correſpondance ou liai-
ſon entre ces idées, & les premieres qualités qui les produiſent en nous : l'expérience
nous démontre cette vérité. Il nous eſt encore impoſſible de concevoir que la penſée
puiſſe produire un mouvement dans un
corps, & que le corps puiſſe à ſon tour produire la penſée dans l'eſprit. Nous ne pouvons pénétrer comment l'eſprit agit ſur la

matiere, & la matiere fur l'efprit : la foibleffe de notre entendement ne fauroit
trouver la connexion de fes idées, & le feul
fecours que nous ayons, eft de recourir à
un agent tout - puiffant & tout fage, qui
opere par des moyens que notre foibleffe ne
peut pénétrer.

Enfin, notre pareffe, notre négligence,
& notre peu d'attention à réfléchir, font
auffi des caufes de notre ignorance. Nous
avons fouvent des idées completes, def-
quelles nous pouvons aifément découvrir la
connexion : mais faute de fuivre ces idées,
& de découvrir & de trouver les notions
moyennes qui peuvent nous apprendre
quelle efpece de convenance, on de dif-
convenance elles ont entr'elles, nous ref-
tons dans notre ignorance.

IMAGINATION.

L'imagination eft une faculté de
l'efprit, qui reçoit l'impreffion des
objets que les fens lui tranfmettent.
Elle vient de la perfection des organes, & de la jufte tenfion des fibres;
quand cette tenfion eft trop forte,
femblable à un inftrument qui crie,
l'imagination reçoit une émotion trop

violente : & de-là naiſſent les manies.
Beau ſujet de s'enorgueillir ! Cette
vive, cette riante imagination ſi féconde en agrémens, qui fait les charmes de la ſociété, qui ſubjugue les
cœurs par ſon éloquence, eſt de toutes les qualités de l'eſprit la plus voiſine de la folie. C'eſt ce qui a donné
lieu à ce proverbe : *les Muſiciens, les
Peintres & les Poëtes ſont foux ;* il eſt
certain du moins que l'exercice forcé
qu'on donne à l'imagination peut
l'égarer : & c'eſt ce qui fait que les
ſolitaires, les fainéans, & les gens
trop livrés à leur imagination, deviennent ordinairement foux.

Nec ſemper arcum tendit Apollo.

IMBÉCILLITÉ.

L'imbécillité eſt un manque d'eſprit, défaut qui vient du vice des
organes. C'eſt une choſe irréparable
& indifférente de ſa nature ; car elle
n'eſt ni bien ni mal pour l'imbécille

qui ne sent pas la privation de ce qui lui manque. Elle peut devenir un mal, relativement à l'intérêt des autres, & aux effets qu'elle produit.

IMPATIENCE.

L'impatience est un vif sentiment de désir, qui s'annonce par le trouble & l'agitation. Elle prend sa source dans le tempérament. Les personnes qui ont l'imagination vive & le sang bouillant, sont ordinairement impatientes.

IMPERTINENT.

On dit d'un homme qu'il est impertinent, lorsqu'il tient à quelqu'un des propos durs & offençants.

L'impertinence est l'effet du mépris, ou de la haine, ou de l'humeur : elle ne sert qu'à nous faire haïr.

IMPRUDENCE.

L'imprudence est opposée à la prudence. *Voyez* Prudence.

IMPUDENT. EFFRONTÉ.

L'impudent est celui qui blesse les lois de la pudeur & de l'honnêteté, & qui n'en rougit point : l'effronté est celui qui en fait gloire.

L'impudence & l'effronterie, sont des vices de l'esprit, & souvent le fruit d'une éducation négligée.

IMPOLITESSE.

L'impolitesse est opposée à la politesse. *Voyez* Politesse.

IMPOSTURE.

L'imposture est le masque de la vérité, l'imposteur s'en sert pour tromper.

INCERTITUDE.

L'incertitude est opposée à l'évidence. *Voyez* Evidence.

L'incertitude est aussi un doute sur ce qui doit arriver. Les événemens dépendans de la morale sont toûjours incertains : il n'y a que les effets phy-siques qu'on puisse prévoir avec cer-titude.

INCIVILITÉ.

L'incivilité est opposée à la civi-lité. *Voyez* Civilité.

INCLINATION.

L'inclination n'est pas comme on croit un penchant aveugle qui nous entraîne malgré nous ; c'est une dé-termination libre de la volonté, qui nous porte à rechercher la joüiffance d'une chofe, que nous regardons comme un bien ; car en réfléchiffant fur nos fenfations, nous en recon-noîtrons aifément la caufe, nous ver-rons que toute inclination eft fondée fur l'opinion que nous prenons des chofes, & fur le rapport qu'elles ont avec nous, plutôt que fur leur pro-pre mérite : l'exemple fera mieux fen-tir ce que je dis.

J'entre dans une compagnie, il y a
cinq

cinq ou six personnes ; j'en trouve une que je préfere d'abord ; j'en cherche la cause, & je trouve que les traits de sa physionomie m'annoncent les qualités de l'ame, qui ont le plus de rapport à celles de la mienne ; je l'entends parler, ses discours répondent à l'idée que je m'en suis faite : voilà qui est fini. Je l'aime.

Il n'y a point de sensation, dont nous ne puissions rendre compte si nous voulions réfléchir : mais le je ne sai quoi est bien plus commode pour la paresse & l'ignorance. Il est d'une ressource infinie, pour ceux qui sont incapables de penser, ou qui ne veulent pas s'en donner la peine.

INCONSTANT. *Voyez* Léger.

INCONTINENCE.

L'incontinence est opposée à la continence. *Voyez* Continence.

N

INDÉCENCE.

L'indécence est opposée à la décence. *Voyez* Décence.

INDÉPENDANCE.

L'indépendance est cet état de liberté, qui nous laisse le pouvoir de suivre nos goûts, nos penchans & nos inclinations : pouvoir qui n'est limité que par les lois & la coûtume. *Voyez* Liberté.

INDIFFÉRENCE.

L'indifférence est l'état d'un homme qui n'est affecté de rien : c'est l'effet de la stupidité & la marque de peu d'esprit.

INDIGENCE. PAUVRETÉ.

L'indigence n'est point un mal, ce n'est que la privation d'un bien ; tout homme dans quelque condition qu'il soit, peut être indigent dès qu'il régle sa dépense sur sa vanité. L'indi-

gence n'eſt donc que la privation du
ſuperflu, qui n'a point de bornes ; la
pauvreté comprend la privation de
bien des choſes néceſſaires ; & la miſere, la privation de celles qui le ſont
le plus : & en cela c'eſt un mal, mais
qui eſt fort rare. Il n'y a de miſéra-
bles que les malades & les vieilles
gens ; toute perſonne qui peut tra-
vailler, trouve de quoi vivre : & dès-
lors n'eſt point miſérable. C'eſt ſouvent la pareſſe qui eſt la ſource de la
pauvreté & de la miſere ; & c'eſt preſque toûjours la diſſipation & le luxe,
qui cauſent l'indigence.

La pauvreté nous procure quelquefois un bien mille fois plus précieux
que les richeſſes, puiſqu'elle nous rend
certains que nous avons des amis.

Ni l'or ni la grandeur ne nous rendent
heureux :
Ces deux divinités n'accordent à nos
vœux
Que des biens peu certains, qu'un plaiſir
peu tranquille.

N ij

Des foucis dévorans c'eft l'éternel afyle
Véritable vautour que le fils de Japet
Repréfente, enchaîné fur fon trifte fom-
    met.
L'humble toît eft exempt d'un tribut fi
    funefte,
Le fage y vit en paix & méprife le refte ;
Content de ces douceurs, errant parmi les
    bois,
Il regarde à fes piés les favoris des Rois.
Il lit au front de ceux qu'un vain luxe
    environne,
Que la fortune vend ce qu'on croit qu'elle
    donne.
Approche-t'il du but, quitte-t'il ce fé-
    jour ?
Rien ne trouble fa fin, c'eft le foir d'un
    beau jour.

La Fontaine.

INDIGNATION.

L'indignation eft un fentiment de haine mêlé de mépris.

INDISCRETION.

L'indifcrétion eft oppofée à la dif-crétion. *Voyez* Difcrétion.

INDIVISIBILITE'.

L'indivisibilité est l'attribut de Dieu, des Anges & des Esprits : c'est ce qui n'a point de parties, & ce qui ne peut être conséquemment divisé.

INDOCILITE'.

L'indocilité est une disposition de l'esprit, à rejetter les conseils qu'on lui donne. Elle naît de la présomption, & de la connoissance des avantages que nous avons sur les autres.

INDOLENCE.

L'indolence est une disposition à la paresse, disposition qui vient du tempérament. Elle est l'effet d'une circulation lente, mais facile ; & il faut convenir que si cette disposition nuit à la fortune, elle est bien favorable au bonheur, qui consiste surtout dans la modération & dans la tranquillité.

INDULGENCE.

L'indulgence eſt une diſpoſition de l'eſprit, qui le porte à excuſer les fautes & les défauts des autres. Elle vient du tempérament ou de la réflexion ; du tempérament dans les caracteres doux, de la réflexion dans ceux qui s'attachent à connoître les hommes. Plus nous avons de connoiſſance du cœur humain, & plus nous ſommes perſuadés que l'homme eſt plus foible que vicieux ; & qu'à ce titre il mérite plus notre compaſſion & nôtre indulgence, que notre haine & la rigueur de nos jugemens.

INDUSTRIE.

L'induſtrie eſt une qualité de l'eſprit, qui ſe manifeſte par l'invention dans les ouvrages, qui demandent une main d'œuvre : c'eſt le génie des Arts.

L'induſtrie renferme une idée de dextérité & de facilité dans l'exécution.

Les Anglois, les Allemands font plus induftrieux que les François, quant à l'invention : mais ces derniers font plus habiles dans l'exécution ; leur goût perfectionne, ce que l'induftrie des autres leur a fait inventer.

INÉGALITÉ.

L'inégalité eft une difpofition aux caprices ; les caprices font les effets de l'humeur ; l'humeur vient fouvent de l'intempérance, & d'un eftomac furchargé qui fatigue dans le travail de la digeftion. Tel homme qui eft doux, obligeant, affable, quand il eft à jeun, devient un monftre qu'on craint d'aborder lorfqu'il a mangé.

INEPTIE.

L'ineptie eft l'incapacité à toutes chofes. Cette difpofition n'eft pas naturelle, & vient de la pareffe qui fuit toute application : il n'y a perfonne qui ne foit propre à quelque chofe, la difficulté eft de découvrir ce quoi l'on eſt propre. Combien voyons-nous tous les jours de gens, qui nous paroiſſent inepts dans l'état qu'ils ont embraſſé, qui ſeroient peut-être de grands hommes dans l'état pour lequel la nature leur a donné des diſpoſitions ! Ce n'eſt pas toûjours le déſir de faire telle & telle choſe qui la décide ; c'eſt le genre de notre eſprit, & de nos facultés.

INFAMIE.

L'infamie eſt le châtiment du crime. C'eſt un mal, en ce qu'il ſuppoſe la perte de la vertu, & qu'il nous attire le mépris des hommes.

INFIDÉLITÉ.

L'infidélité eſt oppoſée à la fidélité. *Voyez* Fidélité.

INGÉNUITÉ.

L'ingénuité eſt l'expreſſion de l'innocence. *Voyez* Innocence.

INGRATITUDE.

L'ingratitude eſt l'oubli des bienfaits, elle eſt oppoſée à la reconnoiſſance. *Voyez* Reconnoiſſance.

INHUMANITÉ.

L'inhumanité eſt oppoſée à l'humanité. *Voyez* Humanité.

INJUSTICE.

L'injuſtice eſt oppoſée à la juſtice.
Voyez Juſtice.

INNOCENCE.

L'innocence eſt cet état de l'enfance, qui ne ſait pas encore ce que
c'eſt que le bien & le mal. On entend
auſſi par innocence cette précieuſe
ſimplicité de mœurs, qui eſt le plus
bel ornement de la vertu.

INQUIÉTUDE.

L'inquiétude eſt un déſir ſans objet ; c'eſt une eſpece de méſaiſe qui

n'est causée que par le sentiment du besoin , ou par la confusion des idées. C'est ce qui fait que les personnes qui ont peu de connoissances, mais qui les ont bien distinctes , comme les femmes, par exemple, sont moins inquietes , que ces hommes universels qui veulent tout savoir.

INSENSIBILITE'.

L'insensibilité est opposée à la sensibilité. *Voyez* Sensibilité.

INSOLENCE.

L'insolence est une offense qu'on avoue , & dont on se glorifie souvent.
Insolent se dit du discours, du maintien , & des actions.

INSIPIDE.

Un homme insipide est un homme qui n'a point de caractere, & qui est toûjours de l'avis du dernier qui lui parle.

INSTINCT.

L'inſtinct eſt un mouvement machinal de la nature, qui, dans les hommes, précede toûjours la réfléxion. Il eſt commun à tous les animaux, & veille ſans ceſſe à leur conſervation.

On dit communément que l'inſtinct eſt plus ſûr que la raiſon : mais c'eſt une erreur ; puiſque ce ſont les ſens qui ſont l'organe de l'inſtinct, & que les ſens étant ſouvent trompeurs, l'inſtinct conſéquemment doit ſouvent l'être auſſi.

Inſtinct. A peine le nouvel hôte, dit le Pere *Brumoi*, eſt-il entré dans l'édifice qui lui eſt deſtiné, que, ſans qu'il lui ſoit connu, ſans qu'il ſe connoiſſe lui-même, une ſecrete impulſion du corps l'avertit à coup ſûr de ce qui peut lui être avantageux ou nuiſible. Le plaiſir & la douleur ſont l'inſtinct. L'un annonce le bien ; & s'inſinuant juſques dans les moelles, ce tendre moniteur perſuade à l'eſprit de chercher ce qui convient au corps. L'autre par un tact utile, fait ſentir la préſence du mal. Fuyez, s'écrie la douleur, l'ennemi n'eſt pas loin. A ces cris le corps obéit ſans peine; il s'approche ou s'éloigne de l'objet, que l'inſtinct déclare dangereux ou attrayant. Ce n'eſt ni par un effort de réfléxion, ni par l'effet d'un art ſupérieur, que l'ame apprend à diſcerner & à ſuivre ces heureux avertiſſemens. Senſible au moindre ſigne, elle court où il l'appelle en faveur du corps: la nature eſt ſon guide.

La douleur & le plaiſir agiſſent ſur le cœur: de-là les paſſions. L'ame entend en elle-même un bruit ſourd qui s'éleve inſenſiblement, la tempête ſe prépare, & l'orage ſurvient. Tel un foible vent raſe la ſurface de l'Océan, l'aquilon murmure & s'accroît. L'agitation des flots augmente la ſienne. La nuit étend ſes aîles: d'épaiſſes ténébres dérobent le jour. Les vents oppoſés combattent, & l'horreur ſe répand au loin ſur les vaſtes mers.

INTÉGRITÉ.

L'intégrité eſt le ſentiment & l'amour de la juſtice; c'eſt une équité ſans tache.

INTELLIGENCE.

L'intelligence eſt la facilité de ſaifir les idées abftraites. *Voyez* Entendement.

INTEMPÉRANCE.

L'intempérance eft oppofée à la tempérance. *Voyez* Tempérance.

INTENTION.

L'intention eft la volonté, le défir de faire telle ou telle chofe; c'eft elle qui fait le mérite des actions des hommes, autant & fouvent plus que l'action même, qui n'eft empêchée que par les obftacles qui fe rencontrent dans l'exécution.

INTÉREST.

L'intérêt eft l'amour des richeffes, c'eft un des grands mobiles qui font agir les hommes.

Otez l'intérêt de la Terre;
Vous en exilerez la guerre,
L'honneur rentrera dans fes droits;
Et plus juftes que nous ne fommes,

Nous verrons régner chez les hommes
Les Mœurs à la place des Lois.
> *Rousseau.*

L'intérêt personnel est le but que
se propose l'amour-propre, c'est la
préférence de soi-même aux autres.
L'amour-propre nous trompe sur nos
véritables intérêts : souvent la générosité qui est le sacrifice de l'intérêt personnel au bien des autres, nous
procure des biens plus solides.

INTRÉPIDITÉ.

L'intrépidité est une fermeté de
l'ame, que la mort même ne peut
ébranler. *Voyez* Force & grandeur
d'Ame.

INVENTION.

L'invention est l'art de rapprocher
les idées, qui paroissent les plus éloignées, d'en faire sentir le rapport, &
de présenter les objets sous un aspect nouveau : l'invention est le fruit
du génie & de la pénétration.

JOUISSANCE.

La jouissance est le sentiment réfléchi de la possession. Combien y a-t-il de personnes qui possédent sans jouir ! combien plus y en a-t-il qui ne savent pas joüir !

Pour bien jouir des choses, il faut en connoître le prix, & ne pas les désirer trop ardemment : l'ardeur des désirs & l'imagination qui exagere la valeur des choses, portent le trouble dans la joüissance, & entraînent le dégoût après elles, aussi bien que l'excès qui l'accompagne, & l'abus qu'on en fait.

JOLI.

Le joli est composé d'agrémens différens ; il n'a, ni l'étendue, ni les proportions du beau ; il tient un peu du caprice, & n'est point assujetti aux regles de l'art, comme le beau, qui d'ailleurs, renferme une idée d'utilité qu'on ne trouve pas dans le joli.

JOIE.

La joie est un plaisir que l'ame ressent, lorsqu'elle considere la possession d'un bien présent, ou d'un bien futur qu'elle regarde comme assuré.

Joie. Contemplez ce jeune ambitieux, dit le Pere *Brumoi*, dont les projets ont réussi. Yvre de joie, il ne marche plus, il vole; il est porté sur le char de ses désirs satisfaits. Il va, revient, tourne, s'arrête. Incertain de sa route, il cherche un dépositaire de son bonheur. L'a-t'il trouvé ? quel enthousiasme ! quelle effusion de cœur ! accablé de son poids, il s'en décharge sur un confident, il ouvre son sein. Les paroles coulent, non pas avec cet air emprunté, que fournit l'artifice, mais sous cette couleur simple que la nature seule leur donne. Dupe de l'amour de lui-même, il s'imagine que tout ce qu'il voit est plein de ses pensées, & de ses sentimens. C'est à eux seuls qu'il parle & qu'il répond. Quiconque l'écoute, ne l'entend point, ou le croit insensé : mais il est souvent trop entendu. Il dira son secret, à qui ? à son ennemi même. Il lui échappera mille choses, que la réflexion dans le refroidissement de sa joie lui retracera

cera avec douleur. Ah! dira-t'il alors, en gémissant, la vérité fatale est échappée sans retour. Foibles hommes, nous nous blessons par nos propres armes. Cruelle joie, vous m'avez perdu. Bergere, qui croyez vos secrets en sûreté au milieu de vos troupeaux, ou dans la distraction des ouvrages de vos mains, gardez-vous d'épancher vos cœurs en des entretiens qu'inspire une trompeuse joie. Pholoé parle. Le Berger qui s'en croit aimé se déguise. Il entend des expressions qui ne sont pas pour lui, & l'éloge d'un rival préféré : il se retire le trait dans le cœur.

Après tout le moyen de se taire ! Le veut-on ? le peut-on ? Insensés, l'apparence du bien nous séduit. Les verres & les bons mots qui en naissent, suffisent pour nous rendre diserts. Les animaux mêmes éprouvent l'effet de la gaieté. Oiseaux, vous remplissez l'air de vos concerts. Cigales, vous chantez sous la rosée. Aux premiers rayons du Soleil, tous les buissons retentissent. C'est le printems qui ranime tout, c'est lui qui fait couler dans la terre engourdie une douce vapeur. De-là l'importun ramage des plus vils oiseaux. C'est alors que l'esprit lui-même prend plaisir à se repaître de chimeres. O trop crédule joie, quels fantômes n'offrez - vous pas pour des réalités ! Un brillant avenir, nulle crainte du présent,

O

des espérances de toute espece : voilà ce qui remplit l'immense capacité du cœur séduit. Les songes voltigeans, ou cachés sous les feuilles augmentent une erreur qui plaît. Le corps reçoit une force nouvelle. L'ame vole & s'aggrandit à ses propres yeux. Aveugle, elle se met au-dessus des dangers de la fortune. Elle se repose sur elle-même, tandis que d'horribles maux se préparent à changer sa destinée : tel est son sort. L'erreur seule qui fait sa félicité, lui persuade qu'il peut y avoir quelque chose de durable ici bas. Elle oublie les rigueurs d'un hyver prochain, les menaces d'une tempéte prête à éclorre, & le courroux des Dieux offensés.

IRRÉSOLUTION.

L'irrésolution est une suspension de la volonté, qui ne trouve pas des motifs assez puissans pour se déterminer à l'action. L'irrésolution est souvent la marque de l'ignorance & de la foiblesse d'esprit.

JUGEMENT.

Le jugement est une faculté active de l'esprit, qui compare les idées &

en tire des conséquences ; il se forme par la réfléxion : c'est le jugement qui fait les Philosophes & les politiques.

Le jugement doit nous servir de guide dans la conduite de la vie ; auparavant de rien entreprendre, nous devons nous représenter la personne qui agit, pour savoir si elle doit le faire, & pour trouver les moyens de la faire réussir, la chose sur laquelle on veut agir, & la personne pour laquelle on agit, afin de consulter si elle en est digne.

Le jugement supplée au défaut de nos connoissances ; il présume que les choses sont d'une certaine façon, sans l'appercevoir certainement.

La plûpart des jugemens des hommes, ne leur sont dictés que par leurs passions & leur tempérament ; ils ne jugent des choses que par le rapport qu'elles ont avec eux ; ce qui porte naturellement à croire, que ce qu'on appelle raison, vertus, est arbitraire : cependant, il est une raison indépendante du caprice & de l'opinion : mais quelle est - elle ? c'est celle qui nous enseigne les moyens de nous rendre heureux.

JURISPRUDENCE.

La Jurisprudence est la science des Lois.

JUSTESSE.

La justesse est le sentiment du vrai ; c'est une qualité de l'esprit, qui démêle le faux dont elle est souvent enveloppée : c'est l'habitude de réfléchir qui la donne.

La justesse nous donne aussi ordinairement la facilité de rendre nos pensées avec netteté & précision, quoique le don de l'expression ne lui soit pas nécessairement attaché ; il est bien plutôt le fruit de la connoissance de la langue, & de l'habitude d'écrire & de parler.

JUSTICE.

Il y a deux fortes de juftice, la juftice commutative, & la juftice diftributive.

La juftice commutative eft la droiture qui renferme la fincérité dans les paroles, & la bonne foi dans les traités.

La juftice diftributive eft celle qui fait rendre aux autres ce qui leur appartient; elle doit fe rendre gratuitement, promptement, & fans partialité.

Ce nombre prodigieux d'hommes qui font commis pour rendre la juftice, & pour appuyer fes droits, & qui vivent du produit de cet emploi, caufe le malheur & la ruine de bien des familles, & rend ces mêmes perfonnes inutiles à l'état.

L.

LANGUEUR.

La langueur eſt un abbattement de l'ame, cauſé par le ſentiment de notre foibleſſe, que nous nous efforçons en vain de ſurmonter.

LÉGER. CHANGEANT.

INCONSTANT. VOLAGE.

Ces quatre mots ſignifient également une diſpoſition au changement; la différence ſe trouve dans la cauſe qui le produit.

Le volage eſt celui qui paſſe rapidement d'un objet à un autre ſans s'y arrêter; le léger eſt celui qui ne s'y arrête pas long-tems; l'inconſtant eſt celui qui eſt las de s'y arrêter; le changeant eſt celui qui le quitte pour s'attacher à un autre.

C'eſt la vivacité de l'imagination & la chaleur du ſang, qui rendent l'homme volage; c'eſt le défaut d'aſfiette dans le cœur & dans l'efprit qui produit la légéreté ; c'eſt le manque de fenfibilité, qui fait naître l'inconftance : & c'eſt l'imperfection de l'objet de notre amour qui caufe le changement.

Ceux qui n'aiment que la beauté extérieure des objets font volages ; ceux qui fe conduifent fans principes, & qui par cette raifon changent fouvent d'opinion, de paſſions & de conduite, font légers ; ceux qui n'aiment les chofes qu'autant qu'ils en ont befoin, deviennent inconftans quand le befoin ceſſe ; ceux qui découvrent des défauts dans l'objet de leur attachement, & qui en cherchent un plus parfait, font changeans.

LECTURE. *Voyez* Etude.

Trop de lecture nuit fouvent plus qu'elle ne fert ; il vaut mieux réfléchir. En lifant, vous prenez les fentimens des autres, & vous ignorez

quels font les vôtres : il faut lire peu,
& avec réflexion.

Vous favez, jeune Iris, que l'utile lecture,
De l'efprit & du cœur embraffant la cul-
   ture,
A former l'un & l'autre excelle également;
De l'ame & du génie elle eft la nourriture,
Elle eft mere du goût & du difcerne-
   Et des vices de la nature,
   ment;
Elle purge nos cœurs & notre entendement:
Mais un fi grand remede opere lentement.

  Vous faites du plaifir de lire,
  Votre plus doux amufement;
Mais pour en profiter, oferois-je le dire?
  Vous lifez trop rapidement.
Du petit oranger le foible compliment
Ayant reçû de vous un regard favorable,
  Pour appuier mon fentiment,
  Je vous offre encore une Fable.
L'apologue qui plaît eft un bon argument.

Expliquez moi, de grace, ô trop heu-
  reufe Abeille,

Disoit un jour le Papillon,
Par quelle étonnante merveille,
Sans ternir de nos fleurs l'éclatant ver-
millon,
Vous savez en tirer ce suc incomparable,
Ce miel, que tous nos soins ne nous don-
nent jamais . . . .
Ce que vous faites, je le fais :
Avec un zele incomparable
Vous cultivez les fleurs ; n'en fais-je pas
autant ?
Et sans placer ici le brillant étalage
De mes talens connus à la ville, au
village,
Je doute, entre nous deux, que vous en
aiez tant.

Hé ! répondit l'Abeille à l'insecte volage,
Pour t'égaler à moi, cesse d'être in-
constant.
Tu voles d'un aîle légere
De fleurette en fleurette, & cela te suffit :
Mais pour en tirer du profit,
Ton ardeur est trop passagere.

C'est en nous fixant sur les fleurs
Que nous y recueillons cette admirable
essence,
Dont chaque jour l'Aurore en
pleurs
Arrose les jardins où Flore prend
naissance.

> Si je voltigeois comme toi,
> Le miel ne seroit pas pour moi.
> Aux frivoles Lecteurs l'Abeille fait la
> guerre :
> Chaque Livre est comme un
> parterre
> Où l'on s'amuse utilement ;
> Mais qui promene un œil rapide
> Sur les fleurs & les fruits de ce jardin
> charmant,
> Prive d'un miel aussi doux que
> solide
> Et l'esprit & le sentiment.

Pessellier.

LIBÉRALITÉ.

La libéralité est l'effet de la générosité, c'est une maniere noble de distribuer des bienfaits. On peut donner beaucoup sans obliger, ni passer pour libéral : la libéralité suppose donc de l'esprit, ou une grande délicatesse de sentimens qui en tient toûjours lieu.

La libéralité se plaît à répandre des biens sur des personnes qui nous approchent ; elle doit être réglée sur nos revenus : celle qui donne plus qu'elle ne peut, est prodigalité.

La libéralité est un des plus grands avantages que procurent les richesses : on peut en joüir sans être riche, quand on sait économiser sa fortune, & modérer ses besoins.

LIBERTÉ.

Ce mot a différentes significations : il s'emploie pour exprimer cette faculté de notre ame, qui se détermine à l'action de notre propre mouvement ; elle est aussi indépendante que la Divinité qui nous l'a donnée, & qui peut seule par sa grace la déterminer au bien, sans cependant la forcer jamais.

Ce terme s'emploie aussi pour celui d'aisance : on dit liberté d'esprit, de corps, &c.

Il signifie aussi indépendance ; & dans cette acception, la liberté est un des plus grands biens de l'humanité. Elle consiste à ne faire que ce que le choix de notre état exige ; car l'entiere indépendance n'est pas faite pour l'homme ; Dieu seul est indépendant : les puiſſances de la terre dépendent des lois, des raiſons d'état, & des bienſéances.

LOGIQUE.

La logique nous apprend l'uſage que nous devons faire de notre raiſon dans la recherche de la vérité : elle ſe diviſe en naturelle & artificielle.

La logique naturelle nous apprend à penſer juſte ; la logique artificielle nous enſeigne la maniere de communiquer nos penſées avec ordre.

La logique naturelle renferme la perception, le jugement, le raiſonnement & la méthode. *Voyez ces mots à leur place.*

La logique artificielle eſt renfermée dans la méthode. *Voyez* Méthode.

Logique. La logique, dit le *Marquis Dargens*, conſiſte dans les réflexions que nous faiſons ſur les principales opérations de notre eſprit : & ce que nous appellons l'art de penſer, comprend ces quatre chefs, concevoir, juger, raiſonner, & ordonner.

Concevoir, ou imaginer une chofe , c'eft s'en former dans l'efprit la véritable image, & par le moyen de cette image avoir la chofe préfente à l'efprit, comme lorfque nous nous repréfentons un Soleil, un arbre, un rond, &c. fans pourtant former fur ces chofes aucun jugement exprès. Or, la forme par laquelle nous nous les repréfentons, ou cette premiere & fimple conception qui les offre, s'appelle idée, ou notion.

Juger, c'eft dire véritablement d'une chofe ce qu'elle eft, ou ce qu'elle n'eft pas, en lui donnant ce qui lui convient, & lui ôtant ce qui ne lui convient pas. Cette opération de notre efprit fe fait, lorfque joignant deux diverfes idées, nous les affirmons, ou les nions, comme quand nous difons que la terre eft ronde, & n'eft pas quarrée : car nous affirmons fa rondeur, & nions qu'elle ait une autre figure ; ou lorfque nous affûrons que l'homme eft un animal, & non point un arbre, donnant à l'homme ce qui lui convient, & niant qu'il foit un arbre.

La troifieme opération de notre efprit s'appelle raifonner, c'eft-à-dire, inférer d'une ou de deux propofitions quelque chofe de conclu conféquemment ; comme lorfqu'on dit, l'infidélité eft un crime, il eft plufieurs amans infideles, il eft donc plufieurs amans criminels.

La derniere des opérations de l'esprit s'appelle ordonner, c'est-à-dire, disposer ou arranger ce que nous avons examiné sur un sujet, de la maniere la plus prompte, la plus claire qu'il nous est possible; & c'est ce qu'on nomme méthode.

LOIS.

Tout être a ses lois, qui ne font que le rapport que les chofes ont avec lui : il y a des lois naturelles, des lois divines & humaines.

Les lois naturelles font l'idée d'un Etre fupérieur qui nous a créés, la reconnoiffance qu'on lui doit, le foin de défendre & d'entretenir fa vie, le befoin que nous avons de fociété, & le defir que nous avons de vivre enfemble.

Pour maintenir cette fociété, les lois naturelles ne fuffifent pas. Les hommes ont établi les lois pofitives, qui tendent à conferver l'égalité dans la fociété; de-là le droit des Gens, à entretenir l'ordre dans un Etat, ce qui forme les lois politiques; & à

maintenir la juſtice entre les Citoyens, d'où naiſſent les lois civiles.
Le droit politique renferme les différentes eſpeces de gouvernement. Chaque gouvernement pour être bon,
doit être établi ſur la connoiſſance de
l'eſprit de chaque nation, ſur le phyſique de chaque pays, qui conſtitue le
caractere & le tempérament des Peuples, & qui établit ſes beſoins.

Les lois ont du rapport entr'elles;
elles en ont avec leur origine, avec
l'objet du Légiſlateur, & avec l'ordre des choſes ſur leſquelles elles ſont
établies.

Les lois divines ſont invariables;
les lois humaines doivent ſe rapporter aux hommes, pour qui & par qui
elles ſont inſtituées. Elles doivent être
fondées, comme je l'ai déja dit, ſur
la connoiſſance du phyſique de chaque climat.

LOUANGE.

La loüange eſt preſque toûjours

une vanité déguiſée ; on ne loüe une
perſonne ſur ſon mérite, que pour faire
penſer qu'on en a ; & on mêle à ſon
éloge des reſtrictions & des diſtinctions qui ſont toûjours avantageuſes
à celui qui les fait : rarement les hommes loüent les perſonnes qui leur ſont
ſupérieures en talens.

» Noire fille du Styx , vrai fleau de la
» Terre,
» Toi, qui t'éleves dans les airs ,
» Rivale de la foudre , ainſi que des
» éclairs,
» Veux-tu faire aux mortels une éter-
» nelle guerre ?
» Celui, qui, le premier te paîtrit de ſa
» main,
» Devint ta premiere victime ;
» Que n'a-t'il, dans le même
» abyſme,
» Englouti, pour toûjours, ton ſalpêtre
» inhumain . . .

C'eſt ainſi que l'encens, au fond d'une
boutique,
Sur le ton d'une Philippique ,
Parloit à la poudre à canon.
Tu brilles moins que moi, lui répondit
la poudre,

Et

Et tu n'imites point les effets de la
foudre :
Mais, es-tu moins nuifible ?... Non.
Que de têtes pourroient m'en dire des
nouvelles !
Il en eft plus de cent que je pourrois
citer.

L'encens gâte plus de cervelles,
Que la poudre n'en fait fauter.

Peffelier.

L u x e.

Le luxe eft l'amour du fafte & de
la magnificence.

Le luxe des bâtimens, des habits,
&c. eft un voile brillant, qui cache
fouvent bien de la petiteffe. Un homme de mérite ne tire point fa gloire
de ces miferes-là ; il fe conforme à
l'ufage qui a établi des diftinctions
entre les rangs : mais il préfere toûjours la fimplicité, la commodité &
la propreté au luxe. *Voyez* Commerce.

M.

MAGNANIMITÉ.

La magnanimité eſt le deſir d'entreprendre de grandes choſes, malgré les difficultés qu'on prévoit dans l'exécution : elle a ſa ſource dans la grandeur d'ame. *Voyez* Grandeur d'Ame.

La magnanimité renferme une idée de courage. *Voyez* Courage.

MAGNIFICENCE.

La magnificence eſt l'étalage de la richeſſe. Elle n'eſt pas faite pour les particuliers : elle doit faire l'ornement de l'Autel & du Throne.

C'eſt la rareté des choſes, qui fait ſurtout le prix des magnificences.

MAL.

Le mal en général eſt tout ce qui eſt nuiſible par ſa nature ; par rapport à nous, nous regardons comme des maux tout ce qui s'oppose à notre bonheur, tout ce qui nous prive de quelque bien, & tout ce qui tend à notre deſtruction.

Tous les maux ſont relatifs, & ne ſont pour la plûpart, que des maux d'opinion : il n'y a que la maladie de mal réel.

On regarde communément comme des maux, la pauvreté, l'obſcurité, l'exil, l'eſclavage, la dépendance, l'infamie, l'imbécillité, la laideur & l'ignorance, &c. *Voyez tous ces mots à leur place.*

MALADIE.

La maladie eſt un état de ſouffrance : c'eſt le ſeul mal réel & inévitable ; cependant il eſt rare qu'un homme tempérant ſoit malade, à moins qu'il ne ſoit mal conſtitué : ainſi le principe de la maladie eſt donc la conſtitution & l'intempérance, le ſeul remede eſt le régime, les autres ne ſervent ſouvent qu'à l'irriter.

Il faut convenir, que, quoique la maladie foit un mal réel, l'imagination y ajoûte beaucoup, comme à tous les autres maux prétendus. L'ame qui pourroit feule nous confoler s'abandonne à la trifteffe, & tombe dans l'accablement : lorfque l'expérience & l'exemple des Stoïciens nous prouvent qu'elle peut s'élever au-deffus de la douleur, & joüir de la tranquillité dans le fein même de la fouffrance.

MALÉFICE.

Le maléfice eft une action cachée de méchanceté. Les fortiléges ne font que des maléfices produits par des caufes naturelles, mais inconnues. Les premiers Phyficiens qui ont paru, ont dû paffer pour des forciers aux yeux du Peuple ignorant.

MALHEUR.

Le malheur eft un état conftant de peines & de fouffrances.

Il eft faux de dire qu'il y ait des

gens qui naiſſent malheureux ; c'eſt le ſentiment de l'infortune qui fait le malheur : & tel que l'on croit malheureux par la fauſſe opinion que l'on a du mal, ſe trouve ſouvent fort heureux par la juſte idée qu'il en a. Je l'ai déja dit, & je le répete encore, il n'y a que la maladie de mal réel ; & pour être malade, on n'eſt pas malheureux, on ſent ſeulement un peu moins ſon bonheur ; c'eſt donc l'homme qui fait lui-même ſon bonheur & ſon malheur : c'eſt l'opinion qu'il a des choſes ; c'eſt pourquoi nous ne pouvons trop nous appliquer à connoître le bien & le mal.

MALICE. MALIGNITE'.

MÉCHANCETÉ.

La malignité eſt le deſir de nuire, moins pour faire du mal que pour s'amuſer : elle ſuppoſe de l'eſprit. La malice eſt l'effet de la malignité. La méchanceté eſt une diſpoſition du tempérament, qui nous porte à haïr, & à nuire à nos ſemblables.　　P iij

MALIGNITÉ. *Voyez* Malice.

MANIE.

La manie est une forte affection de l'ame, qui l'occupe sans cesse & la remplit toute entiere d'un objet : c'est la passion dominante de l'homme ; passion qui va quelquefois jusqu'à la folie.

Le génie des beaux arts est une sorte de manie ; l'amour passion en est une autre.

MANIERES.

Les manieres sont tout ce qui accompagne nos actions : elles consistent dans les gestes & le maintien.

On prend assez volontiers ce terme en mauvaise part ; & l'on entend communément par un homme qui a des manieres, un homme qui met de l'affectation dans tout ce qu'il fait.

MARIAGE.

Le mariage considéré comme contrat civil, est l'union de l'homme & de la femme raſſemblés en ſociété pour avoir des enfans & pour les élever.

Le mariage eſt ſi fort décrié aujourd'hui, qu'on n'oſeroit plus prendre ſon parti ; & il faut convenir que ce n'eſt pas ſans raiſon, de la façon que ſe font à préſent la plûpart des mariages : il eſt étonnant qu'il y en ait encore tant de bons ; cela étoit moins rare du tems de la ſeconde & de la troiſieme race de nos Rois, où la vertu, l'inclination, le rapport d'humeurs & de caracteres en formoient les nœuds plutôt que l'intérêt, & le ſol amour de la beauté.

Non, il n'eſt point d'état plus heureux
dans la vie,
Pour ceux que la raiſon & l'amour ont
unis.
L'hymen ſeul peut donner des plaiſirs
infinis ;
On en joüit ſans peine & ſans inquiétude ;
On ſe fait l'un pour l'autre une heureuſe
habitude
D'égards de complaiſance, & de ſoins les
plus doux.

P iv

> S'il est un sort heureux, c'est celui d'un
>   époux,
> Qui rencontre à la fois dans l'objet qui
>   l'enchante
> Une épouse chérie, une amie, une
>   amante.
> Quel moyen de n'y pas fixer tous ses
>   désirs !
> Il trouve son devoir dans le sein des
>   plaisirs.
>
> *Nivel de la Chaussée.*

La même pensée, qu'on trouve aussi dans l'Opéra de *Bellérophon* de *Quinault*, a quelque chose de plus précis : & par-là même de plus piquant.

> Qu'il est doux de trouver dans un amant
>   qu'on aime,
>   Un époux que l'on doit aimer.

Le mariage est utile à l'Etat par la propagation, & mérite l'attention du ministere.

MATIERE.

La matiere est tout ce qui a forme & étendue. *Voyez* Univers : système des anciens sur la matiere premiere.

MÉCHANCETÉ. *Voyez* Malice.

MÉFIANCE. *Voyez* Défiance.

MÉLANCOLIE.

La mélancolie eſt une des quatre humeurs qui entrent dans la conſtitution de l'homme ; c'eſt une diſpoſition à la triſteſſe, qui vient d'un ſang deſſéché ou appauvri, & originairement du vice des ſolides. Les adverſités & la trop grande diſſipation des eſprits produiſent auſſi la mélancolie ; & une exercice modéré & un régime convenable en ſont le remede.

MÉMOIRE.

La mémoire eſt une faculté paſſive de l'eſprit ; elle conſerve les idées que l'imagination lui confie. La mémoire s'acquiert & s'entretient par l'exercice.

ME'PRIS.

Le mépris eſt le ſentiment du peu de valeur qu'ont les choſes ; nous le reffentons pour toutes les actions qui aviliffent l'homme. Par exemple, le lâche craint la mort, le poltron fuit le danger, l'homme fans honneur embraffe une profeffion infame : toutes ces actions qui dégradent l'humanité bleffent la grandeur d'ame, & nous infpirent ce fentiment que nous nommons mépris.

La plûpart des hommes affectent de méprifer les qualités & les chofes qu'ils n'ont pas, & qu'ils voudroient fouvent avoir.

MÉRITE:

Le mérite d'une chofe eft l'eftimation de ce qu'elle vaut ; le mérite d'une action eft le fruit de la bonne intention. Le vrai mérite de l'homme confifte dans la vertu.

On peut dire d'un homme qu'il a du mérite, fans que ce foit pour cela un homme de mérite. On a du mérite quand on a des talens, ou des bonnes qualités : mais pour être hom-

me de mérite, il faut être aimable &
essentiel.

MÉTAPHYSIQUE.

La Métaphysique est la connoissance des choses purement spirituelles, &
qui ne tombent pas sous les sens.

La Métaphysique n'a pas le degré
de certitude qu'ont la Physique & la
Morale , qui par-là méritent beaucoup mieux le nom de science. *Voyez*
Science & Connoissance.

MÉTHODE.

La méthode des Philosophes est l'art
d'arranger nos pensées dans un certain ordre, soit pour la recherche de
la vérité, soit pour la manifester aux
autres.

Quand on veut connoître une vérité, on se demande d'abord ce que
c'est qu'une telle chose, de quelle nature elle est, si elle est simple ou composée, si elle existe réellement, &
pourquoi elle existe.

Toute la méthode eſt renfermée dans ces cinq objets.

Méthode. Il y a deux ſortes de méthodes, dit M. le *Marquis Dargens*, l'une qui ſert à découvrir la vérité, & qu'on appelle analyſe, ou méthode de réſolution, ou même méthode d'invention ; & l'autre, qu'on nomme ſyntheſe, ou méthode de compoſition, qu'on emploie lorſqu'on veut rendre ſenſible aux autres les vérités, dont on eſt déja convaincu.

La principale opération de l'analyſe ou méthode d'invention, conſiſte principalement à concevoir avec clarté & netteté la queſtion dont il s'agit, à examiner avec attention & en détail toutes les notions qui peuvent y avoir du rapport. Comme ſi l'on propoſe, ſi notre ame eſt immortelle, pour chercher la connoiſſance de cette vérité en conſidérant la nature de notre ame ; on remarque d'abord que la penſée eſt l'attribut le plus eſſentiel à notre ame, & qu'elle peut bien douter de tout, mais non pas penſer, puiſqu'elle ne ſauroit douter ſans penſer. On examine enſuite ce que c'eſt que penſer ; & voyant que tout ce qui convient aux notions que l'on a de la penſée, ne convient pas à celles que l'on a de la ſubſtance étendue, qu'on appelle corps, & appercevant enſuite clairement que la penſée n'eſt point étendue, n'a ni largeur, ni profondeur, on en conclut qu'elle n'eſt point un mode ou un attribut de la ſubſtance étendue. De ce premier raiſonnement on en infere un ſecond, par lequel l'on dit que la penſée n'étant point un mode de la ſubſtance étendue, il faut qu'elle le ſoit d'une autre ſubſtance différente de la corporelle, avec qui, n'ayant rien de commun, elle ne ſouffre point par conſéquent de la diſtraction, ou du changement qui arrive dans cette même ſubſtance étendue. De ces raiſonnemens, on juge enſuite que l'ame n'étant compoſée d'aucunes parties ne peut périr, & par conſéquent qu'elle eſt immortelle.

L'autre eſpece de méthode, qu'on appelle ſyntheſe, ou méthode de compoſition, quoiqu'elle ait des regles différentes de la premiere, en eſt une ſuite ſi néceſſaire, que quiconque a les facultés de la premiere, a toûjours celles de la derniere ; car lorſqu'on connoît ſoi-même évidemment les choſes, & qu'on a eu aſſez de pénétration & de juſteſſe pour entendre & découvrir la vérité, on n'a pas grande peine à la faire comprendre aux autres, puiſque le plus eſſentiel & le plus difficile eſt déja fait, qui conſiſte à démêler le vrai ou le faux de ſes idées, & à en appercevoir la connexion, en quoi la nature favorable peut beaucoup plus aider, & plus sûrement que l'étude.

MISANTROPIE.

La Misantropie est la haine des hommes. Elle est l'effet du tempérament & la marque d'un esprit faux.

MŒURS.

Les mœurs sont les qualités de l'ame. Elles sont bonnes ou mauvaises, suivant son élévation ou sa bassesse : elles sont formées par la coutume & la façon de penser, & se manifestent par les actions & les discours.

MODÉRATION.

La Modération est une disposition de l'ame qui la porte naturellement & sans effort à fuir tous les excès : elle vient du tempérament.

Les jeunes gens qui ont le sang bouillant, & ceux qui sont agités de quelque paſſion, ne la connoiſſent pas: elle eſt volontiers le partage de l'âge mûr & de la vieilleſſe.

La raiſon, l'habitude de réfléchir & de combattre nos paſſions peuvent auſſi nous la donner. Socrate en eſt une preuve. Il étoit né violent & emporté; & la Philoſophie le rendit le plus doux & le plus modéré de tous les hommes.

MODESTIE.

La modeſtie eſt une retenue dans nos diſcours & dans nos actions, qui nous empêche de parler de nous d'une maniere avantageuſe; c'eſt la compagne inſéparable du vrai mérite. Elle le concilie l'envie, arrête les diſcours du médiſant & du calomniateur, chaſſe l'eſprit de domination, auſſi inſupportable dans la ſociété, procure aux autres les occaſions de briller & leur ſuggere des moyens dont elle leur fait honneur, & reçoit les loüanges qu'on lui donne avec cet air d'embarras, qui prouve combien elle les a mérités.

La véritable modestie évite de parler de soi. Il y a long-tems qu'on a dit que c'est être fat que d'en dire du bien, & qu'il n'appartient qu'à un sot d'en dire du mal.

MOLLESSE.

La mollesse est cet état d'indolence & de tranquillité où nous plonge la volupté. L'ame dans cet état entierement occupée à sentir, ressent une espece d'extase, & fuit toute action. Un homme qui s'y abandonne devient incapable de ces grandes actions qui font les héros & les grands hommes : content de trouver le bonheur dans le fond de son cœur, il ne le cherche pas dans l'opinion des autres, & renonce à la gloire pour le plaisir.

Cette façon de penser qu'inspire la mollesse seroit raisonnable, si l'homme n'étoit né que pour lui, s'il n'avoit pas des devoirs à remplir, ou enfin

fin si le plaisir pouvoit durer toûjours : mais la volupté cesse de l'être pour celui qui s'y livre tout entier : les sens qui sont les organes du plaisir se fatiguent par un trop long exercice, & ressentent bien-tôt la douleur. Telle est la sagesse de la Providence, qui veille sans cesse à l'harmonie de l'Univers ; celui qui s'écarte de ses devoirs en reçoit à l'instant la peine, par les mêmes choses qui sembloient devoir assûrer son bonheur.

MORALE.

La morale est la science des mœurs. Elle renferme la politique, & la jurisprudence, la connoissance de l'homme & de ses devoirs. *Voyez* Jurisprudence & Politique.

MORT.

La mort est le terme de la vie ; c'est la séparation de l'ame & du corps. Elle est assez généralement regardée comme le plus grand de tous

Q

les maux ; l'Ecriture nous dit même qu'elle devint la peine du péché. Cependant à la confidérer d'un œil philofophique, la mort n'eft point un mal réel ; ce n'eft que la privation d'un bien, privation qui eft même infenfible. Dépouillez-la du terrible appareil dont elle eft environnée, & pour lors la mort *ne fera que le foir d'une belle journée.*

Ce qui prouve encore que la mort n'eft qu'un mal d'opinion, c'eft qu'il y a des Peuples entiers qui fe la procurent, pour fe délivrer des infirmités de la vieilleffe, & des chagrins de la vie : mais ces exemples ne font point à imiter. La vie eft un dépôt que la Divinité nous confie, & dont nous ne pouvons difpofer fans fon aveu.

La mort, pour le Chrétien qui a de la confiance en la miféricorde de Dieu, eft le but de la félicité éternelle à laquelle il afpire.

N.

NAÏVETÉ.

La naïveté eft l'expreſſion naturelle du ſentiment.

NATURE.

La nature eſt ce principe actif qui produit des êtres, qui les modifie, qui les entretient & les conſerve. C'eſt le premier principe des choſes; c'eſt, à l'égard de l'Univers, le Soleil qui produit la chaleur & le mouvement : à notre égard, la nature eſt un certain arrangement des fibres & des organes ; arrangement qui produit tels penchans plutôt que d'autres, & qui forme ce que l'on appelle tempérament : c'eſt tout ce qui conſtitue les qualités de l'ame.

La nature de l'homme eſt diſtinguée de celle des autres animaux, par la faculté de penſer qui lui eſt propre.

Négligence.

La négligence eſt un défaut d'exactitude ; elle eſt ordinairement l'effet
de l'indolence.

Netteté.

La netteté eſt la lumiere du diſcours ; elle conſiſte dans l'ordre, la
préciſion, & la juſteſſe de chaque expreſſion.

Noblesse.

La nobleſſe des ſentimens eſt la
préférence de l'honneur à l'intérêt ;
c'eſt le fruit pénible de la réflexion,
ou de l'éducation.

C'eſt une qualité du cœur, qui ſuppoſe néceſſairement de la grandeur
d'ame. *Voyez* Grandeur d'Ame.

La nobleſſe qui nous vient de la
naiſſance, eſt le prix du mérite & de
la vertu ; ainſi tout homme vertueux
eſt noble, & tout noble vicieux ſe
dégrade.

Noirceur.

La noirceur est une action de méchanceté, dans laquelle il entre de la perfidie. *Voyez* Méchanceté & Perfidie.

Nonchalance. *Voyez* Indolence.

La différence qu'il y a entre ces deux mots, c'est que la nonchalance se dit du corps, & l'indolence de l'esprit : la cause est la même. Elle vient de la lenteur de l'ame dans toutes ses opérations ; & cette lenteur vient du peu d'impression que font les objets sur les sens, ou les sentimens sur le cœur.

Notion.

Les notions sont des idées composées & abstraites ; ce sont les combinaisons des idées simples avec les opérations de l'esprit.

Les notions nous viennent de la réfléxion. *Voyez* Idées.

La notion est composée d'idées simples. Tous les termes abstraits, tous ceux qui expriment le genre & la qualité, font autant de notions.

Pour avoir des notions certaines, il faut d'abord apprendre à avoir des idées simples.

O.

OBÉISSANCE.

L'obéissance est la soumission que nous devons aux ordres de nos supérieurs, & l'exécution de ces mêmes ordres.

Nous devons de l'obéissance aux Lois, au Souverain, à nos Peres & Meres, à nos Supérieurs.

OBSTINATION.

L'obstination est une opposition aux sentimens des autres; opposition qui vient de l'humeur, & quelquefois du défir de montrer de l'efprit. *Voyez* Opiniâtreté.

ŒCONOMIE.

L'œconomie eft la fcience d'augmenter nos biens, & de ménager nos revenus : c'eft la richeffe de l'indigent.

OPINIATRETÉ.

L'opiniâtreté eft une oppofition aux fentimens des autres ; oppofition qui tient quelque chofe de la haine.

Le but de l'opiniâtre eft plutôt d'humilier celui qui difpute avec lui, que de faire valoir fon fentiment, dont il n'eft pas toûjours perfuadé. *Voyez* Entêtement & Obftination.

OPINION.

L'opinion eft la façon de penfer; chaque Peuple a la fienne, différence qui vient de celle des climats, & qui eft la fource de tous les préjugés.

On entend auffi par opinion, les

préjugés & les penfées fauffes qu'on adopte fans les avoir examinées.

Il y a long-tems qu'on dit que l'opinion eft la Reine du monde : mais c'eft une vérité dont on n'eft pas affez perfuadé. C'eft l'opinion qui régle notre conduite, & qui nous empêche de confulter la raifon : le Philofophe même fent quelquefois la néceffité de s'y conformer : mais il ne le fait que dans les chofes peu importantes, & qui ne bleffent pas la vertu.

OPULENCE.

L'opulence eft cet état d'abondance que procurent les richeffes. *Voyez* Richeffes.

ORDRE.

L'ordre s'étend fur le phyfique & fur le moral. L'ordre phyfique entretient l'harmonie de l'univers : l'ordre moral eft le foûtien de la fociété.

Il fait le bonheur public, & celui de chaque particulier. Heureux celui qui a cet amour de l'ordre gravé dans le cœur !

ORGANISATION. *Voyez* Conformation.

ORGUEIL.

L'orgueil eſt l'étalage de la vanité ; il eſt ordinairement accompagné de mépris pour les autres.

P.

PARESSE.

La pareſſe eſt la haine & la fuite du travail.

Les Démons, irrités de l'heureuſe inno-
cence
 Qui régnoit parmi les mortels ;
 L'oubli des mœurs & l'indécence
 N'avoient point encore d'Au-
tels,
Songerent aux moyens d'envoyer dans
le monde
 La licence en maux ſi féconde.

On s'aſſemble, on conſulte ; & contre les humains

  Chacun , dans l'infernal Empire,
  Rêve, délibere, conſpire :

Jugez , ſi notre ſort étoit en bonnes mains !

  Enfin, la troupe vengereſſe

A toutes les vertus crut faire aſſez de mal,

  En concluant l'hymen fatal
  De l'Orgueil & de la Pareſſe.

On ne les dotta point. Article capital !

Ce fut, pour les Démons, une fort bonne affaire ;

Ils eurent bientôt lieu de s'en féliciter :

L'Orgueil voulut briller ; &, pour ſe ſatisfaire ,

La Pareſſe ne pût ſe réſoudre à rien faire.

  Il fallut, pour ſe contenter,

Oublier la décence , & même la droiture ;

  Et de cet Hymen dangereux,

Naquit , au bout de l'an , une progéniture

  Dont l'homme devint amoureux ;

La Licence, en un mot, créature ennemie ,

  Qui forme au crime, à l'infamie,

Ceux qui n'étoient que malheureux.

Dès que vous mettrez en mé-
nage
La Paresse & l'Orgueil, sans fonds ni
revenu,
Comptez sur le Libertinage;
Car il sera bientôt venu.

Pessellier.

PASSION.

La passion est tout ce qui affecte
l'ame vivement & profondément :
elle prend sa source dans le tempérament & l'amour-propre. C'est l'o-
pinion qui a donné la naissance aux
passions, qu'on peut envisager comme les maladies de l'esprit. Je n'en
connois qu'une qui en soit indépendante & qui vienne du tempérament
& des sens immédiatement ; c'est
cette espece d'amour qu'on peut mettre au nombre de nos besoins. Toute
autre passion s'émeut sur l'apparence
ou l'opinion d'un bien ou d'un mal ;

fi c'eſt d'un bien, ce mouvement ſe nomme amour ; fi c'eſt d'un mal, il s'appelle haine.

Le bien eſt préſent ou futur : le préſent eſt plaiſir ; le futur eſt deſir : le mal préſent eſt triſteſſe ; le mal futur eſt crainte. Ainſi toutes les paſſions roulent ſur le plaiſir & la douleur, l'amour, la haine & la crainte.

On compte parmi les paſſions, l'amour, l'ambition, l'amour de la gloire, l'avarice ou l'amour des richeſſes, l'envie, la vengeance & la colere. Ces trois dernieres paſſions ſont les effets de la haine, qui eſt elle-même une paſſion.

La paſſion du jeu naît des autres paſſions ; c'eſt l'avarice, l'amour du luxe & des grandeurs, qui l'inſpirent.

Le fruit le plus certain des paſſions, eſt l'ennui & la douleur qui naiſſent de l'agitation, du trouble & de l'inquiétude qu'elles cauſent. Au reſte les paſſions ont leur avantage : elles nous portent aux grandes actions, quand

elles font bien réglées ; elles fertili-
fent le cœur & l'efprit ; elles nous excitent à nous rendre utiles à la fociété par l'appas de l'eftime & de la
confidération : les paffions mêmes les
plus folles font utiles à l'harmonie de
l'Univers , & ne nuifent qu'à ceux
qu'elles poffedent , ne font jamais
mauvaifes que par leur excès.

Paffions. Admirons , dit le Pere *Brumoi*,
les talens & l'importance des paffions. Que
feroit - on fans elles ? Le Laboureur oifif
laifferoit le foc inutile ; le Pilote auroit
horreur des dangers ; le Riche infenfible ar-
meroit fon cœur d'un bouclier de fer ; le
Vulgaire impuiffant périroit ; les Meres,
oui , les tendres Meres oublieroient leur
tendreffe & leurs enfans. Mais , graces aux
paffions , les cœurs favent être fenfibles
malgré eux. La Mere s'attendrit fur fes
enfans ; fa tendreffe dévore tout ; fa douleur même lui plaît, elle eft maternelle.
Les noms de Pere , d'Epoux , de Frere , de
Femme , d'Ami , ne font plus de vains
noms. Ce ne font plus des Fables que l'humanité & la bonne foi ; elles font connues
des plus barbares nations , qui , fenfibles
aux mêmes revers que nous , témoignent

ou feignent de témoigner que l'humanité ne leur eſt point étrangere, qu'elles ſont prêtes de nous ſecourir dans nos malheurs, & que du moins elles ne veulent pas nuire à qui ne leur nuit pas. Otez les paſſions, que deviennent les Arts ? Tout l'Univers retombe dans l'antique cahos. Rendez-les à l'homme ; les Villes & les Temples renaiſſent de leurs ruines ; la vertu même revient ; vertu née pour habiter avec les paſſions ; vertu qui fait prendre d'elles ſes plus brillantes couleurs, la tendreſſe dans les ames tendres, la vigueur dans les forêts, la douceur dans les cœurs bien placés, la hardieſſe dans les ames guerrieres, l'égalité ſi précieuſe dans tous, & cette eſpece d'immutabilité qui là met au-deſſus des circonſtances de l'humeur.

PATIENCE.

La patience eſt une eſpece de courage, qui ſupporte ſans plainte ni murmure les maux que l'on ne peut empêcher, tels que les châtimens, les perſécutions, les contradictions dont la vie eſt ſemée, les humeurs & les défauts des hommes.

On peut ſanctifier la patience par

une soûmission volontaire aux ordres de la providence.

PAUVRETÉ, *Voyez* Indigence.

PEINE.

La peine qui est opposée au plaisir est une sensation que l'on aimeroit mieux ne pas éprouver qu'éprouver : elle vient de la privation d'un bien, de la crainte ou de la présence d'un mal.

PENSE'E.

La pensée est la comparaison que nous faisons de plusieurs idées, & le jugement que nous en portons.

PENCHANT.

Le penchant est cet attrait qui nous entraîne vers un objet plutôt que vers un autre. C'est le plaisir qui s'offre à nous sous différentes formes, & principalement sous celle des objets, qui ont le plus de rapport à notre façon de fentir & de penfer. *Voyez* Plaifir.

PÉNÉTRATION.

La pénétration eft la facilité de découvrir l'intérieur des chofes, la caufe de chaque effet & le motif de chaque action des hommes par les circonftances qui les accompagnent; c'eft la connoiffance de l'homme & des principes phyfiques qui la donne.

PERCEPTION.

La perception eft la faculté de recevoir les idées qui nous viennent des fens & de la réflexion. Elle renferme l'entendement, l'imagination & la fenfation, qui à les bien examiner, ne font qu'une même faculté, qui change de nom fuivant la nature des idées. *Voyez ces trois mots.*

PERFIDIE.

La perfidie eft une trahifon cachée,

chée, qui emploie la diſſimulation pour parvenir à ſes fins.

PERPLEXITE'.

La perplexité eſt une indéciſion de la volonté, qui flotte incertaine entre deux motifs qui lui paroiſſent également déterminans.

C'eſt ſouvent un combat de la paſſion avec la raiſon ; combat où la paſſion triomphe preſque toûjours.

PERSE'VE'RANCE.

La Perſévérance eſt une force de l'ame qui réſiſte aux obſtacles. Elle differe de la conſtance, en ce qu'elle marque la pourſuite d'un bien, tandis que la conſtance ſe contente de l'attendre.

PERSUASION.

La perſuaſion eſt le ſentiment de la certitude ; certitude fondée ſur le rapport que les choſes ont avec nous.

Ce ſont les ſens qui ſont les orga

R

nes de la persuasion, à la différence de la conviction, qui est le fruit de la réflexion : ce qui fait que la persuasion peut nous égarer aussi souvent que les sens nous trompent. Cependant il y a des choses qui ne sont pas moins des vérités, quoiqu'elles ne puissent être que senties. Telles sont la plûpart des vérités de la Religion & de la Morale.

L'art de persuader est celui d'émouvoir les passions.

PETITESSE.

La petitesse d'esprit est le peu d'étendue de ses connoissances. Ce défaut vient de l'incapacité de réfléchir, & de l'indifférence de l'ame qui n'est affectée de rien ; c'est un vice de la constitution.

Ce défaut vient aussi quelquefois d'une éducation négligée ; & alors il peut se réparer par l'étude.

PHILOSOPHIE.

La Philosophie est une connoissance certaine, fondée fur des principes certains. Ce mot eſt compoſé de deux mots Grecs, qui ſignifient amour de la ſageſſe : la ſageſſe eſt l'art de ſe rendre heureux. Ainſi la Philoſophie renferme l'art de parvenir au bonheur.

Les moyens qui y conduiſent ſont la connoiſſance de l'homme & de ſes devoirs, l'art de joüir des plaiſirs & de ſupporter les peines.

Les plaiſirs, ainſi que les peines, ſont réels ou imaginaires, faux ou véritables. Les plaiſirs réels ſont ceux que la nature offre à tous les hommes ; les plaiſirs imaginaires ſont ceux que l'imagination nous procure ; elle ſe mêle à tous les plaiſirs, plus ou moins.

Les plaiſirs faux ſont ceux qui ſont ſuivis des peines ; c'eſt le devoir de la Philoſophie de les rejetter. Les plaiſirs véritables ſont ceux qui n'entraînent ni remords ni repentir à leur ſuite ; la Philoſophie nous apprend à les connoître, & nous permet de nous y livrer. *Voyez* Plaisir.

PHILOSOPHE.

Il résulte de tout ce que nous avons dit sur la Philosophie, qu'un Philosophe est un homme qui examine avant que de croire, & qui réfléchit avant que d'agir. De-là, il doit nécessairement être ferme dans sa croyance, & constant dans ses démarches.

Le but d'un Philosophe, est de si bien agir,
Que de ses actions il n'ait point à rougir;
Il ne tend qu'à pouvoir se maîtriser soi-même,
C'est-là qu'il met sa gloire & son bonheur suprème.
Sans vouloir imposer par ses opinions,
Il ne parle jamais que par ses actions;
Loin qu'en systèmes vains, son esprit s'alambique,
Etre vrai, juste, bon, c'est son système unique;
Humble dans le bonheur, grand dans l'adversité,
Dans la seule vertu, trouvant la volupté,

Faisant d'un doux loisir ses plus cheres
délices,
Plaignant les vicieux, & détestant les
vices :
Voilà le Philosophe, & s'il n'est ainsi
fait,
Il usurpe le nom, sans en avoir l'effet.

Destouches.

PHYSIONOMIE.

La physionomie est l'assemblage des
traits du visage : elle exprime assez ordinairement le caractere des personnes.

PHYSIQUE.

La Physique est la connoissance des
causes & des effets de la nature : elle
est expérimentale, ou conjecturale. La
Physique expérimentale est une connoissance certaine ; la Physique conjecturale n'est souvent qu'ingénieuse :
l'une nous conduit à la vérité, &
l'autre nous mene à l'erreur.

Les anciens Philosophes étoient

R iij

d'assez médiocres Physiciens : le plus célebre d'entre eux est Epicure.

La Physique se perfectionne tous les jours par les expériences : elle doit beaucoup aux savantes Académies qui sont établies dans l'Europe depuis un siecle, & sur-tout à la *Société Royale de Londres, & à l'Académie des Sciences de Paris.*

PIÉTÉ.

La piété est une vertu chrétienne, qui rend à Dieu & aux hommes le tribut d'amour qui leur est dû. Elle consiste dans la pratique constante & affectueuse des devoirs de la Religion ; & c'est ce qui la distingue de la vertu morale, qui n'a que le monde pour objet. La véritable piété suppose un esprit juste & un cœur droit.

Piété. C'est se faire une fausse idée de la piété, dit M. de *Massillon,* que de se la figurer toûjours foible, timide, indécise, scrupuleuse, bornée, se faisant un crime de ses devoirs, & une vertu de ses foiblesses ; obli-

gé d'agir, & n'ofant entreprendre ; toûjours fufpendue entre les intérêts publics,
& fes pieufes frayeurs ; & ne faifant ufage
de la Religion, que pour mettre le trouble
& la confufion où elle auroit dû mettre l'ordre & la regle. Ce font-là les défauts que
les hommes mêlent fouvent à la piété : mais
ce ne font pas ceux de la piété même ; c'eft
le caractere d'un efprit foible & borné : mais
ce n'eft pas une fuite de l'élévation & de la
fageffe de la Religion ; en un mot, c'eft
l'excès de la vertu : mais la vertu finit toûjours où l'excès commence. La véritable
piété éleve l'efprit, ennoblit le cœur, af-
fermit le courage. On eft né pour de grandes chofes, quand on a la force de fe vaincre foi-même. L'homme de bien eft capable de tout, dès qu'il a pû fe mettre par fa
vertu au-deffus de tout. C'eft le hafard qui
fait les héros ; c'eft une valeur de tous les
jours qui fait l'homme de bien. Les paffions
peuvent nous placer bien haut, mais il n'y
a que la vertu qui nous éleve au-deffus de
nous-mêmes.

Tout ce qui combat une obligation effen-
tielle, ne peut être une œuvre de piété :
Dieu ne compte point des œuvres qu'il ne
demande point. Tel eft fouvent le goût
bifarre de l'homme ; le joug du devoir n'a
rien qui flate l'orgueil, c'eft un goût forcé
& étranger qu'on ne s'eft point impofé foi-

R iv

même, qui n'offre que le devoir tout seul, toûjours triste & dégoûtant, & sous lequel l'amour-propre a de la peine à plier : mais les œuvres de notre choix, nous nous y prêtons avec complaisance ; c'est un joug de notre façon qui ne nous blesse jamais ; & ce qu'il pourroit avoir de pénible, est toûjours adouci par le goût qui nous y porte, ou par le plaisir secret que l'on sent de l'avoir soi-même choisi. N'ajoûtons rien du nôtre à la Religion ; elle est pleine d'une raison sublime, pourvû que nous la laissions telle qu'elle est : mais dès que nous y voulons mêler nos goûts & nos idées, ce n'est plus, ou qu'une philosophie seche & orgueilleuse qui donne tout à la raison, & qui ne fournit rien de tendre pour le cœur, ou qu'un zele superstitieux & bisarre que la saine raison méprise, & que la foi désa-voüe & condamne.

PITIÉ. *Voyez* Compassion.

La différence qu'il y a entre ces deux mots vient des idées accessoires qu'on y attache & de la cause qui les produit. On prend assez commu-nément le terme de pitié en mauvaise part, & celui de compassion au con-traire. Il semble que la pitié vienne de notre foibleſſe, & la compaſſion de l'amour & de l'humanité.

Pieux, *Voyez* Dévot.

Plaisanterie.

La plaiſanterie eſt une maniere d'enviſager & de peindre les objets par le côté ridicule. La bonne plaiſanterie demande de la fineſſe & de l'enjoüement : c'eſt une qualité de l'eſprit qui eſt fort rare.

Plaisir.

Le plaiſir, dit M. de Maupertuis, eſt une ſenſation que l'ame aime mieux éprouver, que ne pas éprouver : j'admets cette définition, qui me paroît juſte & exacte.

On diviſe les plaiſirs *en plaiſirs des ſens, en plaiſirs de l'eſprit, en plaiſirs du cœur ou du ſentiment, en plaiſirs naturels & chimériques, en plaiſirs réels & imaginaires, en plaiſirs faux & véritables.*

Les plaiſirs naturels ſont ceux que

nous offre le spectacle de la nature, un beau jardin, une belle prairie, un beau jour, &c. Tout le monde peut joüir de ces plaisirs-là, le pauvre comme le riche.

Les plaisirs chimériques sont ceux qui ne sont fondés que sur l'opinion des hommes, comme le plaisir de passer pour beau, pour brave, pour riche, &c.

Les plaisirs réels sont ceux qui dépendent de nous, & qui ne sont point sujets au changement. Je ne connois de ces plaisirs-là que la satisfaction constante que nous procure la vertu.

Les plaisirs imaginaires sont ceux que nous procure l'imagination, & qui ne sont pas tels pour tous les hommes ; ils naissent du rapport que les objets extérieurs ont avec notre façon de sentir.

Tous les plaisirs qui ne tiennent qu'à l'imagination, ne sont pas durables, parce que l'imagination tôt ou tard s'affoiblit, & le plaisir avec elle.

Les plaisirs faux sont ceux qui sont

fuivis de peines, & qui caufent les remords & le repentir.

Les plaifirs véritables font ceux
que la fortune ne peut nous enlever.

Les plaifirs des fens font ceux qui
nous viennent immédiatement des
objets fenfibles; ce font ceux que nous
procurent l'imagination & les befoins:
c'eft auffi ce que l'on appelle plaifirs naturels. Ils confiftent dans les
vifs mouvemens de toutes les parties
du corps, & dans l'exercice de nos
facultés.

Les plaifirs de l'efprit font ceux
que la réflexion nous procure : ils
confiftent dans l'exercice des facultés
de l'efprit.

Les plaifirs du cœur font ceux
qui naiffent de nos affections ; ils
confiftent furtout dans l'idée de la
perfection qu'on découvre dans foi,
ou dans les autres.

Tous ces plaifirs font fubordonnés
les uns aux autres. Les plaifirs des
fens font plus vifs, mais moins conf-

tans que ceux de l'esprit ; les plaisirs de l'esprit sont plus durables & plus satisfaisans ; les plaisirs du cœur sont plus constans & plus pénétrans : les sens se fatiguent, l'esprit se lasse, le cœur seul peut nous procurer des plaisirs continuels.

Le plaisir se trouve dans tous les âges, dans tous les états, dans toutes les conditions, dans toutes les situations de la vie.

L'ignorance & la vive impression des objets, font les plaisirs de la jeunesse ; l'exercice d'une Charge ou d'une Profession, font ceux de l'âge viril ; l'expérience & la sagesse forment ceux de la vieillesse ; la tranquillité de l'esprit & le repos du corps, font ceux des personnes qui ont pris le parti de l'Eglise ; le sentiment de la tendresse conjugale & filiale, est celui du mariage ; l'indépendance & la liberté, celui du célibat.

L'estime & la considération publique font les plaisirs des Magistrats,

des Militaires, des Savans, &c. L'eſpérance d'établir une fortune, ſont
ceux des commerçans : la ſanté & la
tranquillité de l'eſprit, ceux de la vie
ruſtique.

Croiroit-on que l'adverſité même a
ſes plaiſirs ? elle les trouve dans la
fermeté avec laquelle elle ſupporte
les peines, dans la ſoûmiſſion au de-
cret de la Providence, & dans la modération de ſes deſirs : enfin, tout
ici bas ſe change en plaiſirs pour ceux
qui ſavent en joüir : l'eſpérance de la
ſanté fait ceux de la maladie, & ceux
d'une félicité éternelle ceux de la
mort.

C'eſt dans la modération des deſirs, dans la facilité de les ſatisfaire,
dans le ſentiment de la poſſeſſion que
conſiſtent ſurtout les plaiſirs : c'eſt
pourquoi l'on doit ſe défier de cette
ſoif inſatiable qui épuiſe l'ame, &
la fait tomber dans la langueur. L'a-
bus des plaiſirs, & ſurtout des plaiſirs des ſens produit le dégoût, l'en-

nui, l'inquiétude, la douleur & les maladies. Il n'appartient qu'au sage d'en joüir : plus il connoît l'imperfection du plaisir, & plus il est capable de le goûter ; un jeune homme s'en forme des idées fausses, & le dégoût suit infailliblement la joüissance & la connoissance de la vérité.

Le plaisir est relatif au tempérament, & à la façon de penser ; ce n'est pas tel plaisir qui nous rend heureux : mais nous sommes heureux de joüir d'un tel plaisir, parce qu'il a du rapport à notre façon de sentir.

Plaisir. Voici une des plus jolies Fables de l'Abbé *Grécourt* sur l'abus du plaisir.

Un œillet dans un parterre
Causant avec d'autres fleurs,
Leur disoit : Tenez, mes Sœurs,
Si quelque jeune Bergere
Vient me choisir un matin
Pour me mettre sur son sein,
Je veux y prendre racine.
Eh bien vous serez choisi,
Petit œillet cramoisi,

Dit une beauté divine,
Qui l'entend parler ainſi :
Venez ſous ma mouſſeline.
A ce propos radouci
L'œillet tranſporté s'exhale
En parfums délicieux ;
A chaque inſtant il ſignale
Le triomphe de ſes feux :
Mais bientôt l'odeur s'épuiſe.
Vainement l'œillet ſurpris
Cherche de nouveaux eſprits,
Il ſe pâme, il agonize.

Doux tranſports, tendres plaiſirs !
Ah ! que vos vives amorces
Ne portent-t'elles nos forces
Auſſi loin que nos deſirs ?

POLITESSE.

La politeſſe eſt la façon de témoigner aux gens les égards qui ſont
dûs à leur naiſſance, à leur rang, ou
à leur talent ; elle conſiſte dans les
manieres, dans les attentions & les
diſcours obligeans : c'eſt le fruit de
l'éducation & de l'uſage du monde.

La fine politeſſe ſuppoſe de la douceur, de la ſoupleſſe dans l'eſprit, &

une grande connoiſſance du cœur humain, & des perſonnes qui ſont l'objet de nos attentions.

POLITIQUE.

La politique eſt l'art de gouverner les hommes raſſemblés en ſociété ; ſes maximes ſont fondées ſur la connoiſſance de l'homme & de ſes devoirs.

Ce qui eſt contre les mœurs, ne ſauroit être avantageux à la politique.

POLTRONNERIE.

La poltronnerie eſt la crainte du danger ; elle differe de la lâcheté en ce qu'elle s'expoſe au danger malgré la crainte, tandis que la lâcheté le fuit.

La poltronnerie n'eſt point un vice du cœur ni de l'eſprit ; elle n'eſt cauſée que par la ſurpriſe du danger, & l'amour que tout homme a pour ſa conſervation : l'habitude ſeule du péril fait la bravoure.

La

La poltronnerie n'est qu'une foiblesse, & la lâcheté est un vice.

PRÉCIPITATION.

La précipitation dans nos jugemens est une des sources de nos erreurs; la précipitation dans nos actions, est l'effet de la vivacité qui
vient du tempérament : on la nomme
étourderie.

PRÉCISION.

La précision est une qualité de l'esprit, qui ne dit précisément que ce
qu'il faut; elle consiste dans la netteté, la brieveté & la justesse de l'expression.

PRÉJUGÉS.

Les préjugés sont les opinions que
nous recevons des autres sans les approfondir. Nous ne devons recevoir
aucun principe, que nous ne l'ayons
d'abord soûmis à l'examen de la raison.

Il y a plusieurs sortes de préjugés, les préjugés nationaux, les préjugés de Religion & les préjugés des passions.

Les préjugés nationaux sont les usages & les coûtumes d'un Pays : usages qui sont contraires à la raison. Ils se divisent en préjugés généraux de la nation, & en préjugés des particuliers suivant l'âge & le sexe.

Les préjugés nationaux, sont les maux d'opinion, tels que le mépris, la réputation, la noblesse, la gloire, la grandeur, l'honneur, &c. Les préjugés d'Etat sont le mépris de la roture, l'amour de la gloire, l'amour du faste, &c.

Les préjugés des passions, sont les jugemens précipités que nous dicte l'intérêt, l'amour-propre, le tempérament, l'amour, la haine, la vengeance, la colere, l'ambition, la paresse, &c.

Les préjugés de Religion sont les effets de la superstition. Cette ma-

tiere eſt ſi reſpectable , qu'on doit
toûjours appréhender d'en parler :
ainſi je finis cet article, qui me me-
neroit trop loin , ſi je voulois parler
de toutes les eſpeces de préjugés.
Chaque ſexe, chaque âge , chaque
ſecte, chaque Pays, chaque Province, chaque Ville , chaque famille **a**
les ſiens : je me contente de citer un
exemple, qui prouvera invincible-
ment le pouvoir des préjugés.

Les anciens Brachmanes dans les
Indes, quand ils ſont accablés des
infirmités de la vieilleſſe, s'en déli-
vrent en ſe faiſant brûler vifs : cette
action paſſe parmi eux pour courage
& grandeur d'ame.

PRÉSOMPTION.

La préſomption eſt un vice de
l'eſprit, qui compte trop ſur ſes propres forces : Elle naît de l'amour-propre , & ſouvent de l'ignorance.

PRESTIGE.

Le prestige est un faux prodige qu'on opere par une cause naturelle, mais inconnue ; la plûpart des Religions sont remplies de faux miracles, qui ne sont que les prestiges d'un ministre avare ou ambitieux.

PRÉVENTION.

La prévention est un jugement que l'opinion des autres nous fait recevoir sans l'avoir examiné : elle est l'effet de la paresse & de l'incapacité de penser, & la source de la plûpart de nos erreurs.

PRÉVOYANCE.

La prévoyance est une connoissance anticipée de l'avenir, fondée sur la science des effets, que doivent produire les causes physiques ou morales.

La prévoyance des maux est le grand art de les affoiblir lorsqu'ils

arrivent ; cependant il faut les prévoir
comme pouvant, & non pas comme
devant nécessairement arriver : de façon que la crainte de l'avenir ne
trouble pas la joüissance du présent.

PRINCIPE.

En morale les principes font les
vérités inconteftables fondées fur l'é-
vidence, & qui fervent de fondement
au raifonnement, & de regle pour
la conduite de la vie ; par exemple,
il n'y a perfonne qui ne fente l'évidence de ces maximes : la vertu vaut
mieux que le vice, le bien eft préférable au mal, la fcience à l'ignorance, la vérité à l'erreur.

Ces vérités une fois reconnues, on
peut raifonner ainfi : fi le bien eft préférable au mal, il faut donc rechercher le bien & fuir le mal.

Si quelqu'un doutoit de cette vérité, ou étoit d'affez mauvaife foi
pour la nier, il feroit aifé de l'en convaincre, en lui définiffant le bien ce

qui contribue à notre bonheur, & le mal ce qui lui est nuisible, &c.

En Physique le principe des choses est la cause qui les produit ; par exemple, le feu est le principe de la chaleur, &c. Héraclite & Hippias ont cru que c'étoit le feu qui étoit le premier principe de toutes choses ; Anaximene & Diogene disoient que c'étoit l'air ; Thalès prétendoit que c'étoit l'eau, parce qu'elle lie les corps ; Hésiode avançoit que c'étoit la terre, & Empédocle soûtenoit plus vraisemblablement, que c'étoient les quatre élémens, auxquels il ajoûta deux facultés qu'il nommoit accord & discord : l'accord servoit à l'union, & le discord à la ruine.

Mochus Phénicien, Leucipe, Démocrite, Epicure & Lucrece, & parmi les modernes Gassendi, ont cru que c'étoient des atômes ; Descartes la matiere subtile, qui a grand rapport avec les atômes qui me paroissent mieux inventés, à cause du vuide que Gaſſendi y admet, & que Deſcartes nie : d'ailleurs, Gaſſendi aſſûre les atômes indiviſibles; & Deſcartes veut que la matiere ſe diviſe à l'infini : enfin, après tous ces Philoſophes eſt venu Newton, qui rapporte tout à l'attraction comme au premier principe de toutes choſes.

PROBABILITÉ.

La probabilité eſt l'apparence de la convenance des idées, ſur des preuves qui ne ſont pas infaillibles. Ces preuves ſont fondées ſur la conformité d'une choſe avec notre expérience, ou ſur le témoignage de l'expérience des autres.

PROBITÉ.

La probité eſt l'effet de la droiture, la droiture eſt le ſentiment de la juſtice. *Voyez* Droiture.

PRODIGALITÉ.

La prodigalité eſt une libéralité exceſſive. Elle vient moins de la générofité, que de l'impuiſſance de refufer, & du defir ardent de fatisfaire fes paſſions ; defir qui nous ferme les yeux fur le prix qu'elle nous coûtent à fatisfaire : rarement la générofité paſſe les bornes du pouvoir. *M. de Marivaux l'a dit :* la vertu n'eſt que libérale, le vice feul eſt prodigue.

PROFESSION.

La profeſſion eſt l'état de vie que les gens à talens ou les gens d'arts & de métiers ont embraſſé. Les hommes ont attaché des diſtinctions & des honneurs à de certaines profeſſions, & en ont dégradé d'autres : il en eſt fans doute qui par leur importance & leur utilité méritent la préférence fur les autres : mais on n'a pas toûjours fur ce fujet des idées bien juſtes. Toute profeſſion eſt eſtimable lorſqu'on la fait bien ; je n'en connois de méprifables que celles qui bleſſent l'humanité. Mais, dit-on, tout crime demande une réparation : oui ſans doute, mais malheureux ſont ceux qui en ſont l'inſtrument.

PROFONDEUR.

La profondeur eſt le terme de la réflexion, au-delà duquel on ne peut aller. La grande vivacité de l'imagination nuit à la profondeur, parce qu'elle nous emporte hors de nous : mais la profondeur n'exclut point une eſpece de vivacité : au contraire il en faut pour approfondir une penſée.

PROVIDENCE.

La providence eſt cette intelligence ſuprème qui regle toute choſe : elle éclate dans l'égale diſtribution des biens & des maux : elle départ aux pauvres d'eſprit des richeſſes qu'ils ne pourroient acquérir eux-mêmes ; & à ceux que la fortune a maltraités, des talens pour les gagner, ou du moins la fermeté néceſſaire pour ſupporter les peines, & la ſanté pour joüir des plaiſirs qui ſont communs à tous les hommes, la tranquillité de l'eſprit & la paix du cœur.

La providence divine éclate également dans la diſtribution des choſes néceſſaires à la vie. Elle a donné aux Peuples du Nord des fourures pour ſe défendre des rigueurs du froid ; & aux Peuples qui habitent le Midi, des rafraîchiſſemens pour appaiſer la ſoif brûlante qui les dévore.

Epicure ſoûtenoit que Dieu, joüiſſant dans un éternel repos d'un bonheur inaltérable, il ne ſe mêloit point du gouvernement de l'Univers : Voici, je crois, ce que l'on peut penſer de plus raiſonnable ſur la providence.

La providence a préſidé à la naiſſance & à l'ordre de l'Univers ; elle a réglé le cours des Aſtres, qui forment la ſucceſſion des ſaiſons & la différence des climats ; elle entend les vœux

& les prieres de ceux qui l'invoquent;
& elle communique à l'homme cette
divine lumiere que nous nommons la
raison, & qui nous guide sûrement
dans nos actions : mais elle ne préside
pas nécessairement à toutes nos actions. Nous avons le libre arbitre
qu'elle peut déterminer au bien, mais
qu'elle ne force pas : c'est cette deter-
mination que nous nommons la grace.

PRUDENCE.

La prudence est une délibération
des moyens qui peuvent nous conduire
au but que nous nous proposons ; elle
renferme l'examen, la résolution, l'exécution, & la circonspection. La circonspection regle notre croyance, nos
sentimens, nos paroles, & nos actions ;
la circonspection dans nos sentimens
regle l'amour - propre qu'on doit
étouffer en se comparant avec des
gens au-dessus de nous pour les avantages que nous croyons posséder ; elle
regle les desirs du cœur, qui devien-

nent paffions fi on ne leur tient la bride, les appetits corporels qui nous procurent les plaifirs quand on les fatisfait avec modération & ménagement, les paffions qui nous portent à acquérir des richeffes ou des honneurs, & qui font fi utiles à la fociété, & ne deviennent nuifibles que par leur excès.

La circonfpection dans les paroles & dans les actions eft ordinairement le fruit de la circonfpection dans les penfées & dans les fentimens ; & celle même des fentimens vient de notre façon de penfer : ainfi il eft très-important d'apprendre à bien penfer. Elle bannit la médifance, la raillerie, l'indifcrétion, & la liberté cynique des propos.

La circonfpection dans nos actions ne nous laiffe rien faire qui ne porte un caractere de droiture & de vertu ; & elle nous prefcrit la maniere de le faire, qui eft celle des autres ; elle nous prefcrit l'étude des ufages, les

bons exemples, les bienséances & la pudeur.

PUDEUR.

La pudeur est le sentiment de l'honnête.

PYRRHONISME.

Le pyrrhonisme est le doute, l'incertitude de l'existence des choses, réduite en système par Pyrrhon. Il est
d'autant plus dangereux pour la morale & la politique, qu'il est spécieux.

Q.

QUALITÉ.

Les qualités sont les attributs des
choses ; c'est ce qui leur est propre,
ce qui leur appartient.

On voit par cette définition que
chaque chose a ses qualités bonnes ou
mauvaises : mais mon dessein n'est de
parler ici que des qualités du cœur &
de l'esprit.

Les qualités du cœur, qu'on nomme aussi qualités essentielles, viennent du tempérament, ou pour mieux dire sont les qualités du tempérament même.

Les qualités de l'esprit sont celles qui doivent leur naissance à la réflexion ; mais qui comme les autres viennent originairement de la constitution.

R.

RAILLERIE.

La raillerie, qui naît d'un mépris content, est une loüange ironique : elle demande dans l'esprit beaucoup de finesse & de delicatesse ; de la finesse pour saisir les ridicules ; & de la délicatesse pour les peindre sans choquer l'amour propre.

RAISON.

La raison est le jugement formé par l'habitude de refléchir sur les choses qui ont du rapport avec nous. Son office eſt de régler notre conduite. Le motif qui la détermine eſt le deſir de ſe rendre heureux , & le bonheur eſt le but qu'elle ſe propoſe ; & auquel elle peut ſeule nous conduire.

On a beau nous dire que l'inſtinct eſt plus ſûr que la raiſon pour nous rendre heureux & apporter en preuve l'exemple des enfans : ils ne ſont heureux que comme un homme qui rêve , & qui ne jouit du bonheur qu'en ſonge. C'eſt le ſentiment du bonheur , c'eſt la connoiſſance que nous en avons, qui fait les charmes de la félicité.

Voici le portrait de la raiſon , que M. de *Boiſſi* a enviſagée par ſes avantages & ſes abus, dans la charmante Comédie de *l'Homme du Jour.*

LE MARQUIS.
Pour moi je reconnois une ſaine raiſon.
Loin d'être un préjugé, Madame, elle s'occupe
A détruire l'erreur, dont le monde eſt la dupe ;
Nous aide à démêler le vrai d'avec le faux ;
Epure les vertus, corrige les défauts ;

Eſt de tous les états, comme de tous les
    âges,
Et nous rend à la fois ſociables & ſages.
LA COMTESSE.
Moi je ſoûtiens qu'elle eſt elle-même un
    abus,
Qu'elle accroît les défauts, & gâte les
    vertus,
Etouffe l'enjoüement, forme les ſots
    ſcrupules,
Et donne la naiſſance aux plus grands
    ridicules,
De l'ame qui s'éleve arrête les progrès,
Fait les hommes communs, & les pédans
    parfaits :
Raiſon qui ne l'eſt pas, que l'eſprit vrai
    mépriſe,
Que l'on nomme bon ſens, & qui n'eſt
    que bêtiſe.
LE MARQUIS.
Le bon ſens n'eſt pas tel.
LE BARON.
        Mais il en eſt pluſieurs.
Chacun a ſa raiſon qu'il peint de ſes cou-
    leurs,
La Comteſſe à beau dire, elle-même a la
    ſienne.
LA COMTESSE.
J'aurois une raiſon !
LE BARON.
        Oui, la choſe eſt certaine,
              Sous

Sous un nom opposé vous respectez ses
loix.
LA COMTESSE.
Quelle est cette raison qu'àpeine je con-
çois ?
LE BARON.
Celle du premier ordre, à qui la bour-
geoisie
Donne vulgairement le titre de folie ;
Qui met sa grande étude à badiner de
tout,
Est mere de la joie, & source du bon
goût ;
Au milieu du grand monde établit sa
puissance,
Et de plaire à ses yeux enseigne la science;
Prend un essor hardi, sans blesser les
égards,
Et sauve les dehors jusques dans ses
écarts ;
Brave les préjugés & les erreurs grossie-
res,
Enrichit les esprits de nouvelles lumie-
res,
Echauffe le génie, excite les talens,
Sait unir la justesse aux traits les plus
brillans ;
Et se moquant des sots dont l'Univers
abonde,
Fait le vrai Philosophe, & le sage du
monde.

T

Je ne puis mieux finir cet article, que par cette belle ſtrophe de M. *Rouſſeau* ſur l'abus de la raiſon.

> Loin que la raiſon nous éclaire
> Et conduiſe nos actions,
> Nous avons trouvé l'art d'en faire
> L'orateur de nos paſſions.
> C'eſt un Sophiſte qui nous joüe :
> Un vil complaiſant qui ſe loüe
> A tous les fous de l'Univers,
> Qui, s'habillant du nom de ſages,
> La tiennent ſans ceſſe à leurs gages,
> Pour autoriſer leurs travers.

RAISONNEMENT.

Le raiſonnement eſt l'art de comparer des idées, & de déduire des conſéquences, des rapports que les choſes ont entr'elles.

Le raiſonnement nous ſert à connoître ſi une propoſition eſt vraie ou fauſſe, en la comparant avec une autre qui y a rapport.

Faux raiſonnement. *Voyez* Sophiſme.

RECONNOISSANCE.

La reconnoiſſance eſt le ſentiment d'un bienfait, joint au deſir de témoigner l'obligation qu'on en a.

C'est une vertu d'autant plus estimable, qu'elle est le fruit pénible de la réflexion : car les hommes sont naturellement ingrats. Leur amour-propre se trouve humilié de recevoir ; & l'on voit souvent, à la honte de l'humanité, que bien loin de chercher à témoigner la reconnoissance d'un bienfait, on fuit le bienfaiteur : cependant l'habitude de la reconnoissance, nous en rend la pratique si facile, qu'elle nous semble à nous-mêmes une disposition naturelle.

RÉFLEXION.

La réflexion, selon M. *de Vauvenargue*, c'est la puissance de nous replier sur nos idées, de les modifier, & de les combiner de diverses manieres : elle est le grand principe du jugement & du raisonnement.

REGRETS.

Les regrets sont le souvenir de

la perte d'un bien qu'on eſt fâché d'avoir perdu. Ce ſouvenir produit un ſentiment douloureux, qui ne ſert qu'à nous chagriner.

RELIGION.

La Religion eſt le culte qu'on rend à la Divinité. Toute Religion qui favoriſera la paſſion dominante d'un Peuple, eſt ſûre d'en être bien reçûe : La loi de Mahomet qui flate la paſſion des femmes, en eſt une preuve.

Les Déiſtes n'admettent point de culte ; & les Tolérans prétendent que tout culte honore la Divinité, & que la différence des Religions lui importe peu.

La Religion eſt bien plus puiſſante ſur l'eſprit des hommes qui en ſont perſuadés, que la Philoſophie ; elle nous fait mieux ſupporter les revers de la fortune, les peines & les infirmités attachées à l'humanité.

Heureux celui qui plein de crainte
Pour la Divine Majeſté,

Marche sans détour & sans feinte
Dans le sentier de l'équité.
Rien ne trouble sa paix profonde ;
Il voit dans sa maison féconde
Croître les fils de ses enfans ;
Et leur jeunesse florissante
Dans la vertu toûjours constante
Sera l'appui de ses vieux ans.

Recueil de l'Academie,
année 1715.

REMORDS.

Le remords est le sentiment du crime dont on craint le châtiment ; c'est le témoignage de la conscience, qui condamne nos actions : c'est la premiere peine du crime, qui par cette raison n'est jamais sans châtiment, malgré la prospérité dont il paroît souvent joüir.

Sous des lambris dorés l'injuste ravis-
    seur,
Entretient le vautour dont il est la vic-
    time :
Combien peu de mortels connoissent la
    douceur
D'un bonheur pur & légitime !

Rousseau.

T iij

Remords. Tandis que nous sommes occupés de ce spectacle, les remords des crimes ou les furies compagnes éternelles d'Oreste, viennent détourner nos regards. Non, ce n'est, ni le Styx, ni les ombres malheureuses, ni la nuit environnée d'horribles ténebres qui leur ont donné l'être. C'est pis que ces monstres fabuleux ; ce seroit ce qu'il y a de plus détestable sur la terre, si elles n'avoient pour mere une ame plus détestable encore, & pour pere un cœur dévoüé au crime. Et certes la nature eut raison d'unir, comme les sœurs aux freres, les peines aux forfaits, afin que le coupable devînt en même-tems sa victime & son bourreau.

A peine Caïn eut-il souillé la Terre par le premier fratricide, qu'il sentit la voix du remords vengeur. Frappé de l'image de son attentat, il se détermina à s'exiler lui-même, à s'enfoncer dans les forêts, à chercher des climats inconnus, & à cacher sa honte dans le sein des rochers escarpés. Les remords le suivirent en tous lieux. Combien d'efforts ne fit-il pas pour en arracher, ou pour en émousser les pointes ? Le trait étoit attaché pour toujours à son cœur. De son sein blessé sortoit une éternelle voix, que ni l'amour des richesses, ni les plaisirs qu'elle rendoit amers, ni d'immenses travaux ne pouvoient étouffer ou interrompre. Combien de fois l'Etoile du soir & du matin le

trouva-t'elle pouſſant de longs ſoûpirs &
de pitoyables gémiſſemens! Si un ſommeil
dérobé à ſa douleur venoit s'emparer de ſes
ſens, les illuſions légeres & le ſimulacre
d'un frere toûjours reconnoiſſable malgré
la pâleur qui terniſſoit ſa beauté, ſe pré-
ſentoient à ſon eſprit avec des menaces de
mort & de lamentables cris. C'eſt de cette
époque fatale, que les furies commence-
rent à voltiger autour des coupables, & à
les pourſuivre avec des torches ardentes.
Nemeſis fit dès-lors entendre ſes clameurs
plus effroyables que le tonnerre. Tant le
Ciel eut ſoin d'empêcher qu'un cœur pût
être impunément ſcélérat & paiſible dans
ſes attentats, ou malfaiĉteur juſques dans
le ſein de la paix!

REPENTIR.

Le repentir eſt le ſentiment des
fautes qu'on voudroit n'avoir pas
faites, joint au deſir de les réparer.

RÉPUTATION.

Ce n'eſt pas le motif des actions
des hommes qui établit leur réputation, c'eſt le ſuccès qui en décide.
Nous le voyons dans l'exemple des

conquérans , qui ne méritent la gloire que par la justice de leurs entreprises , & qui l'obtiennent par le succès.

L'amour de la gloire & de la réputation , est souvent le plus grand obstacle qui s'opppose au bonheur. Nous nous conduisons par les préjugés de la naissance & de la condition. Tel homme , qui dans un état obscur , vivroit en citoyen , en sage , va s'enterrer dans une campagne pour y cacher une fortune , dont sa vanité auroit trop à souffrir. Cela s'appelle selon le monde , *soûtenir son rang , avoir de l'honneur, sentir ce que l'on est.*

Le sage se met au-dessus des jugemens des hommes, lorsqu'ils s'écartent de la vertu ; & il joüit du bonheur , tandis que les hommes préferent la fausse gloire de paroître heureux , aux solides avantages qui pourroient leur procurer le bonheur.

RESPECT.

Le respect est le sentiment de la supériorité que les autres ont sur nous ; c'est un hommage que l'on rend aux talens, aux rangs, à la naissance, & souvent à la fortune.

REVERS.

Le revers est le changement de la bonne fortune en la mauvaise. *Voyez* Adversité.

RICHESSE.

On appelle richesse généralement tous les biens de la fortune.

On a attaché une gloire à celui qui les méprise : cette gloire me paroît bien chimérique ; les richesses font un bien, dès qu'on peut les acquérir par des moyens honnêtes ; elles nous donnent de la considération, & nous procurent les moyens d'être utiles à la société : il est vrai qu'elles font ordinairement la source de l'incontinence, de l'envie, &c. mais c'eſt leur abus qui produit tous ces maux.

Un homme qui ſe connoît en mé-rite n'en eſtime pas un autre, parce qu'il a des richeſſes, mais parce qu'il a eu le talent d'en acquérir par des voies légitimes : il fait plus de cas d'un pauvre vertueux, que d'un ri-che fripon.

> Si l'or prolongeoit la vie,
> Je n'aurois point d'autre envie,
> Que d'amaſſer bien de l'or ;
> La mort me rendant viſite,
> Je la renverrois bien vîte
> En lui donnant mon thréſor.
> Mais ſi la Parque ſévere
> Ne le permet pas ainſi,
> L'or ne m'eſt plus néceſſaire,
> L'amour & la bonne chere,
> Partageront mon ſouci.

Fontenelle.

RIDICULE.

Le ridicule eſt tout ce qui n'eſt pas naturel, & qui dès-lors paroît affecté.

Il y a des ridicules de convention ; ce font ceux qui font contre la bien-féance, & les ufages reçûs : ils font attachés à l'âge ou à la profeffion ; par exemple, on eft convenu qu'un Magiftrat devoit avoir un air grave, s'il prend l'air d'aifance & le ton ba-din du militaire, il paffera pour ri-dicule : de même qu'un vieillard qui affecteroit l'enjoüement & la vivacité d'un jeune homme.

Cette forte de ridicule eft un pré-jugé que méprife l'homme fenfé, mais dont il s'écarte cependant le moins qu'il peut dans fa conduite, parce que nous devons refpecter les préjugés qui ne font pas abfolument contraires à la vertu.

ROIDEUR.

La roideur dans l'efprit & dans le caractere, eft une forte oppofition aux fentimens & aux actions des autres : c'eft un défaut de tempérament.

La roideur dans la conduite des

fupérieurs, vient quelquefois de l'amour de l'ordre : mais c'eſt toûjours un défaut, parce qu'elle marque de l'humeur, & que l'humeur eſt plus propre à aigrir & à aliéner les eſprits, qu'à les ramener au devoir.

RUDESSE.

La rudeſſe eſt un défaut de l'eſprit dans les délicateſſes ou dans les manieres, c'eſt le fruit d'une éducation négligée.

RUSTICITÉ.

La ruſticité eſt une maniere d'agir contre la politeſſe. La différence qui ſe trouve entr'elle & l'impoliteſſe, vient de la cauſe qui les produit. La ruſticité vient de l'ignorance des uſages : & l'impoliteſſe marque une détermination de la volonté.

S.

SAGACITÉ.

La sagacité est une qualité de l'esprit qui rend par des images sensibles les idées abstraites : elle vient de l'imagination jointe à une pénétration vive & prompte, qui découvre dans les choses les rapports les plus éloignés : elle a beaucoup de ressemblance avec la finesse ; dont elle differe cependant, en ce que l'une ne cherche que le rapport des choses ; tandis que l'autre cherche aussi à les approfondir, à découvrir leurs principes, & à rendre les idées par ce qu'elles ont de sensible & de frappant.

La sagacité renferme une idée de facilité qui vient de la netteté de l'imagination.

SAGESSE.

Les Moralistes distinguent trois sortes de sagesse, la mondaine, l'humaine & la divine.

La sagesse mondaine n'en mérite

pas le nom, ſes maximes ſont fondées ſur l'empire des préjugés & contraires à la raiſon : elle preſcrit pour toute regle de conduite, de ſuivre tous les uſages, quelques vicieux qu'ils ſoient.

La ſageſſe humaine cherche, dans la connoiſſance de l'homme & de ſes devoirs, les moyens qui peuvent le conduire au but qu'il ſe propoſe, de ſe rendre heureux dans cette vie : la ſageſſe divine porte ſes vûes & ſes eſpérances plus loin, & rapporte à Dieu, principe de tout bonheur, toutes ſes penſées & toutes ſes actions. Je ne parlerai que de la ſageſſe humaine.

La ſageſſe humaine eſt la connoiſſance & l'affection du vrai bien ; elle nous apprend l'art de modérer nos paſſions, de joüir des plaiſirs, de diſſiper les chagrins, & de ſupporter les peines : la volupté en eſt le fruit.

On n'acquiert la ſageſſe qu'en ſuivant les maximes de la raiſon, en nous rapprochant de la nature, & en ſécoüant les préjugés.

Sageſſe. Portrait du Sage.

Si dans le monde il eſt un Sage
Qui ſache modérer ſes vœux,
Seul il mérite l'avantage
De porter le titre d'heureux.

Il vit content de la fortune ;
Quelque part que le Ciel l'ait mis,
Jamais ſa plainte n'importune
Ni les Princes, ni ſes Amis.

Il ignore le vil commerce
Que les hommes font de leur cœur,
Et ne ſait point comment s'exerce
L'infame métier de flateur.

Tous ſes deſſeins ſont légitimes,
Et conformes à la raiſon ;
Il eſt toûjours juſte, & des crimes
Il ignore même le nom.

Dégagé de toute contrainte,
Le repos fait tout ſon plaiſir ;
Et content, il voit tout ſans crainte,
Parce qu'il voit tout ſans deſir.

Il joüit d'une paix profonde,
Que nul remords ne peut troubler ;
Et la chûte même du monde
Ne ſauroit le faire trembler.

Riuperou.

SAILLIES.

Le mot de saillies, dit M. de *Vauvenargue*, vient de sauter ; avoir des saillies, c'est passer sans gradation d'une idée à une autre qui peut s'y allier, & saisir les rapports des choses les plus éloignées, ce qui demande sans doute de la vivacité & un esprit agile. Ces transitions soudaines & inattendues causent toûjours une grande surprise ; si elles se portent à quelque chose de plaisant, elles excitent à rire ; si à quelque chose de profond, elles étonnent ; si à quelque chose de grand, elles élevent : mais ceux qui ne font pas capables de s'élever, ou de pénétrer d'un coup d'œil des rapports trop approfondis, n'admirent que ces rapports bisarres & sensibles, que les gens du monde saisissent si bien. Et le Philosophe qui rapproche par de lumineuses sentences les vérités en apparence les plus séparées, réclame inutilement contre cette injustice :

injuſtice : les hommes frivoles qui ont beſoin de tems pour ſuivre ces grandes démarches de la réflexion, ſont dans une eſpece d'impuiſſance de les admirer, attendu que l'admiration ne ſe donne qu'à la ſurpriſe, & vient rarement par degrés.

Les ſaillies tiennent en quelque ſorte dans l'eſprit le même rang que l'humeur peut avoir dans les paſſions. Elles ne ſuppoſent pas néceſſairement de grandes lumieres, elles peignent le caractere de l'eſprit : ainſi ceux qui approfondiſſent vivement les choſes, ont des ſaillies de réflexion ; les gens d'une imagination heureuſe, des ſaillies d'imagination ; d'autres des ſaillies de mémoire ; les méchans, des méchancetés ; les gens gais, des choſes plaiſantes, &c.

Les gens du monde qui font leur étude de ce qui peut plaire, ont porté plus loin que les autres ce genre d'eſprit : mais parce qu'il eſt difficile aux hommes de né pas outrer ce qui eſt

V

bien, ils ont fait du plus naturel de tous les dons, un jargon plein d'affectation. L'envie de briller leur a fait abandonner par réflexion le vrai & le solide, pour courir sans cesse après les illusions & les jeux d'imagination les plus frivoles ; il semble qu'ils soient convenus de ne plus rien dire de suivi, & de ne saisir dans les choses que ce qu'elles ont de plaisant & leur surface. Cet esprit qu'ils croyent si aimable, est sans doute bien éloigné de la nature, qui se plaît à se reposer sur les sujets qu'elle embellit, & trouve la variété dans la fécondité de ses lumières, bien plus que dans la diversité de ses objets. Un agrément faux & si superficiel est un art ennemi du cœur & de l'esprit, qu'il resserre dans des bornes si étroites ; un art qui ôte la vie de tous les discours, en bannissant le sentiment qui en est l'ame, & qui rend les conversations du monde aussi ennuyeuses, qu'insensées & ridicules.

Sang.

Le sang est cette liqueur rouge, qui coule dans nos veines : ce sont les alimens qui forment le chyle, & le chyle se convertit en sang.

La circulation plus ou moins lente du sang entretient la chaleur, principe de la vie, & forme cette diversité étonnante de tempéramens, au moins autant que la disposition des organes.

Santé.

La santé est cet état de vigueur que le corps éprouve dans ses fonctions, lorsqu'il ne souffre aucune douleur.

Satisfaction. *Voyez* Contentement.

Science.

On appelle science les principes certains que nous avons d'un art libéral : par exemple, la Géométrie est la connoiſſance certaine que, nous avons des nombres.

Suivant cette définition, il n'y a que les Mathématiques qui méritent le nom de ſcience ; cependant, nous appellons auſſi du même nom celles qui, ſans avoir des principes auſſi certains, en ont néanmoins d'aſſez évidens pour obtenir notre conſentement ; telles ſont la Phyſique, la Morale, la Médecine, &c.

La Phyſique eſt la connoiſſance des choſes par leurs cauſes & leurs effets ; la Morale eſt la connoiſſance de nos devoirs, & l'art de ſe rendre heureux ; la Médecine eſt la connoiſſance de la ſtructure machinale de l'homme, des maladies qui l'affligent, & des rémedes propres à les guérir.

Toute ſcience a l'utilité pour objet : celle des mœurs eſt préférable à toute autre.

La ſcience qui eſt oppoſée à l'ignorance, eſt cette étendue de connoiſfances que nous acquérons par l'étude ou par l'expérience.

SCRUPULE.

Le scrupule est un doute qui fait naître en nous telle ou telle action, dont la bonté ne nous est pas encore connue.

S'il annonce de la probité, on doit aussi convenir qu'il est souvent la marque de peu d'esprit, ou de beaucoup d'ignorance.

SECHERESSE.

La sécheresse du cœur est un défaut de sentiment, la sécheresse de l'esprit est une disette d'idées.

L'une & l'autre ont la même cause, le vice des organes des sens, qui ne font que foiblement affectés des objets.

Ces défauts répandent un froid mortel dans le commerce de la société, & surtout dans les ouvrages d'agrément.

V iij

La fechereffe n'eft pas toûjours une difpofition naturelle ; elle eft quelquefois l'effet de la maladie, ou du chagrin.

SÉDITION.

Les féditions font fouvent le fruit de trop de févérité, ou de trop d'indulgence. Ces deux excès font également à éviter dans la conduite du gouvernement.

SENS.

Les fens font les organes qui tranfmettent à l'ame l'impreffion des objets fenfibles. Il y en a cinq, la vûe, l'oüie, l'odorat, l'attouchement & le goût. Les fens font plus ou moins parfaits, fuivant la conftitution & la difpofition des humeurs.

SENSATION.

La fenfation eft la maniere dont nous fommes affectés des objets qui frappent les fens : c'eft l'effet des fens.

La senfation eft auffi un terme de l'Ecole, qu'on emploie pour celui d'imagination.

SENSIBILITÉ.

La fenfibilité eft une difpofition de l'ame à être facilement affectée des fentimens, qu'excite en nous tout ce qui a rapport à la morale. La fenfibilité eft auffi une difpofition à la tendreffe & à la compaffion.

SENSUALITÉ.

La fenfualité eft une difpofition de l'ame à être facilement affectée des objets fenfibles, à la différence de la fenfibilité qui n'eft affectée que des chofes morales.

La grande fenfibilité & la grande fenfualité, font le principe des fortes paffions, & la fource du génie.

On prend affez communément le mot de fenfualité en mauvaife part, lorfqu'on l'emploie pour exprimer le plaifir que reffent un gourmand,

& un homme qui a du tempérament. Mais encore une fois la sensualité n'est point un mal : elle ressemble aux plus grands biens ; il n'y a que leur abus de condamnable.

SENTIMENT.

Le sentiment est la maniere dont l'ame est affectée des objets intellectuels, & des choses dépendantes de la morale.

Le sentiment est réveillé dans l'homme par tout ce qui sert à lui rappeller l'idée de son excellence, comme l'amitié, la tendresse, le libre exercice de nos facultés, l'idée de la perfection dans soi-même ou dans les autres.

C'est le sentiment qui excite la mémoire, & qui détermine souvent nos jugemens, & conséquemment nos actions.

SÉVÉRITÉ.

La sévérité est un défaut opposé

à l'indulgence, & qui ne peut être jamais pris dans un sens favorable. On a tort de dire que les Lois exigent de la sévérité dans l'exécution. L'esprit des Lois est de maintenir la justice ; & l'extrème justice devient une injustice.

SIGNE.

Les signes sont tout ce qui nous présente une chose ; ils nous servent à connoître la vérité, & à la manifester aux autres.

Les signes sont ou démonstratifs, ou remémoratifs & pronostiques, certains, ou incertains, ou enfin naturels & arbitraires.

Le signe démonstratif nous indique une chose présente, le remémoratif nous rappelle le passé, le pronostiqué nous prédit le futur. Ainsi, quand nous voyons l'aurore, nous jugeons que le Soleil se levera bientôt. Le signe certain a une liaison intime avec la chose qu'il nous fait connoître ; par exemple, la respiration est un signe certain de vie. Le signe incertain ou probable, nous conduit probablement à quelque connoissance ; par exemple, un pouls vif fait un signe incertain de la fiévre, puisqu'il peut provenir de la moindre émotion. Les signes naturels sont les cris de la nature, ou nous conduisent en suivant l'ordre de la nature : ainsi la fumée est un signe naturel qui fait juger qu'il y a du feu. Les signes arbitraires, qu'on nomme aussi signes d'institution, sont des emblêmes, & dépendent du libre consentement des hommes ; par exemple, quand on voit un bouchon à un cabaret, on est convenu que cela signifieroit qu'on y vend du vin.

Les signes dont nous nous servons pour communiquer nos pensées, sont le geste, la parole. & l'écriture.

Les besoins & les signes accidentels & naturels, excitent l'imagination ; les seuls signes arbitraires, ou

qui font à notre commandement, ré-
veillent la mémoire des objets Métaphyfiques, & l'imagination des objets Phyfiques. Les bêtes n'ont point
de mémoire, parce qu'ils n'ont point
de fignes à leur commandement : c'eft
la repréfentation des òbjets, ou la
liaifon & le rapport de ces objets qui
excitent leur imagination ; par exemple, elles fe repréfentent une chofe
abfente en voyant l'objèt préfent
qu'elles ont vû avec l'abfent : ces deux
objets font tellement liés enfemble
dans leur cerveau, que l'un eft infé-
parable de l'autre.

Il y a des fignes certains pour connoître le tempérament d'une perfonne : on peut s'en rapporter aux geftes
ou à l'expreffion ; par exemple,
l'homme froid, profond, méditatif,
parle peu, lentement, & ne gefticule prefque jamais ; l'homme vif, au
contraire, gefticule beaucoup, a l'expreffion rapide, la repartie vive, l'efprit pénétrant, &c.

SILENCE.

Le silence est un bien ou un mal, suivant les circonstances ; souvent c'est un effet de notre orgueil, & du mépris que nous faisons des autres. Lorsqu'il vient de la disette des penfées & des sentimens, c'est stupidité : quelquefois c'est une vertu, que la discrétion nous recommande.

SIMPLICITÉ.

La simplicité dans l'esprit est une facilité à croire les choses les plus abfurdes ; la simplicité dans le cœur est une difpofition de l'ame à recevoir les vérités de la Religion, & les maximes de la Morale ; difpofition qui fait naître l'amour de la vertu, mais qui tient toûjours quelque chofe du tempérament : la simplicité dans les manieres est une façon d'agir éloignée de toute affectation ; c'est la marque d'un beau naturel, d'un caractere doux, & d'un esprit jufte.

Simplicité. La simplicité, dit M. *de Fenelon*, est une droiture de l'ame, qui retranche tout retour inutile sur elle-même, & sur ses actions : elle est différente de la sincérité. La sincérité est une vertu au-dessous de la simplicité : on voit beaucoup de gens qui sont sinceres, sans être simples.

La simplicité consiste en un juste milieu, où l'on n'est ni dissipé, ni trop composé. L'ame n'est point entraînée par l'extérieur, ensorte qu'elle ne puisse faire les réfléxions nécessaires ; mais aussi elle retranche les retours sur soi, qu'un amour-propre inquiet & jaloux de sa propre excellence multiplie à l'infini.

La simplicité consiste à n'avoir point de mauvaises hontes, ni de fausses modesties, non plus que d'ostentations, de complaisances vaines, & d'attention inquiete sur soi-même.

SINCÉRITÉ.

La sincérité est l'aveu de nos sentimens & de nos pensées : elle est opposée à la fausseté, qui est un déguisement de ces mêmes sentimens, & de ces mêmes pensées.

SINGULARITÉ.

La singularité est une maniere d'agir, de parler, de s'habiller, &c. opposée aux usages.

Elle est le fruit d'une vanité cachée, qui cherche à se faire admirer par des sentimens & des actions extraordinaires, & qui par cette conduite s'attire le mépris des autres, dont elle semble faire la critique.

SITUATION. ETAT.

La situation a du rapport à la maniere avec laquelle nous sommes affectés des choses; l'état en a avec les choses mêmes. La misere est un état violent, dans lequel on éprouve souvent de cruelles situations: la situation est passagere, l'état est plus permanent.

SOBRIÉTÉ.

La sobriété est la retenue dans le boire & le manger: elle est opposée à la gourmandise. *Voyez* Frugalité.

SOLIDITÉ.

La solidité renferme les idées d'utilité & de durée : ainsi le solide est ce
qui est utile & ce qui dure long-
tems.

La solidité est l'objet des recher-
ches du bon sens.

La solidité de l'esprit est une con-
sistance & une égalité dans la façon
de penser.

SOLITUDE.

L'homme qui s'aime trop, & les
gens du grand monde ne craignent
rien tant, que de se trouver seuls ;
leur conscience & les préjugés les
tyrannissent tour à tour ; il faut que
le fracas & le tumulte du monde les
étourdissent sur leurs propres sentimens : mais la solitude est pour le
sage la source des plaisirs les plus
vifs ; c'est-là que délivré du trouble
& de l'agitation, qu'on trouve dans

le tumulte & la diſſipation, il joüit de lui-même, il ſent la félicité ſuprême, la ſatisfaction de ſentir & de penſer.

SOPHISME.

Le ſophiſme eſt un faux raiſonnement, qui prouve toute autre choſe que ce dont il s'agit dans la diſpute : il conduit à l'erreur en égarant, & en rapprochant des raiſons qui ne conviennent point au ſujet.

SOTISE.

La ſotiſe eſt l'expreſſion de l'ignorance joint à la ſuffiſance. *Voyez ces deux mots.*

SORTILÉGE. *Voyez* Maléfice.

SOUPLESSE.

La ſoupleſſe eſt la facilité de ſe prêter aux ſentimens des autres, & de paroître adopter leurs idées : elle eſt bonne ou mauvaiſe ſuivant ſon objet.
La

La foupleffe eft quelquefois une difpofition naturelle, qui marque peu de vigueur & d'élafticité dans l'efprit ; c'eft une de fes facultés paffives : elle reçoit facilement les impreffions, parce qu'elle eft fouvent incapable d'en donner aux autres.

SOUVENIR.

Le fouvenir eft ce que la mémoire nous rappelle : c'eft l'effet de cette faculté de l'efprit. *Voyez* Mémoire.

STUPIDITÉ.

La ftupidité eft une lenteur dans les opérations de l'efprit ; c'eft un vice des organes ; c'eft l'effet de l'infenfibilité de l'ame, qui n'eft que très-foiblement affectée des objets.

La ftupidité eft auffi quelquefois l'effet de la maladie, & d'une mélancolie accidentelle.

SUBTILITE'.

La fubtilité eft la facilité de faifir

X

les chofes qui paroiffent les plus difficiles à comprendre : c'eft une qualité de l'entendement.

L'intelligence nous fait concevoir
ce qu'on nous dit, la fubtilité en découvre les caufes les plus cachées,
& la fineffe nous en fait voir le rapport avec d'autres chofes.

SUFFISANCE.

La fuffifance eft la bonne opinion
que l'on a des chofes qu'on dit ;
c'eft un défaut de l'efprit qui naît de
la préfomption, & fouvent de l'ignorance : elle eft infupportable dans la
fociété, dont elle bleffe les égards
par fon ton décidé.

SUPERSTITION.

La fuperftition eft une peur ex-
ceffive des peines de l'autre vie ; c'eft
le vice des efprits foibles, qui croient
remplir le devoir par de petites pratiques de Religion ; elle conduit au
fanatifme, qui eft un zele de Religion

mal entendu : Jacques Clement étoit un fanatique superstitieux.

SURPRISE.

La surprise est un ébranlement soudain, qui est produit dans l'ame par quelque chose d'inattendu ; c'est le grand art d'émouvoir les passions, & par conséquent la source de l'éloquence, & des beautés qu'on trouve dans les ouvrages d'esprit.

SYMPATHIE.

La sympathie est le rapport intime d'une chose avec une autre ; c'est la ressemblance parfaite, qui se trouve entre leurs attributs : c'est le principe de l'amitié & de l'amour.

La sympathie peut se concevoir physiquement, par la comparaison suivante : de même qu'une corde de violon, qui se trouve à l'unisson d'une autre corde de la même espece, rend les mêmes sons que cette derniere, lorsqu'elle est touchée ; ainsi la sympathie eſt l'harmonie réſultante de la corde des mêmes organes : les mêmes idées doivent néceſſairement produire les mêmes ſentimens, dans deux perſonnes unies par la ſympathie.

T.

TÉMÉRITÉ. *Voyez* AUDACE.

TEMPÉRAMENT.

Le tempérament eſt la marque qui diſtingue chaque conſtitution ; il ſe forme de la qualité des humeurs, qui ſont produites à leur tour par la diſpoſition des ſolides, & par la nature des alimens.

On diſtingue quatre ſortes de tempéramens ; le tempérament ſanguin, le tempérament bilieux, le tempérament mélancolique, & le tempérament pituiteux : ces quatre eſpeces d'humeurs dominantes mêlées les unes avec les autres, forment cette diverſité étonnante de tempéramens.

Les tempéramens s'alterent & changent par l'habitude, & font corrigés par l'habitude contraire ; chaque efpece de tempérament doit s'affujettir à un régime, ce qui eft propre à l'un eft fouvent contraire à l'autre ; par exemple, celui qui a un foie chaud, & qui par-là abforde l'humidité des alimens, a plus befoin d'une nourriture humectante & rafraîchiffante, que celui qui abonde en pituite : ainfi il eft très-important de connoître de bonne-heure fon tempérament, afin d'éviter les remedes qui ruinent le corps & la fanté : cette fcience eft une des plus néceffaires à l'homme, parce qu'il ne peut être parfaitement heureux fans la fanté.

Tempérament. Il eft des tempéramens, dit le Pere *Brumoi*, où le fang domine. L'on diroit que leurs veines font remplies de la liqueur bachique. Ils font fenfibles aux attraits du vice. Ils ne refpirent que la joie, prompts à chercher les délices, & à éviter les chagrins ; doux dans leur parler ; mous dans leurs manieres ; connus par leur enjouement & leur légereté ; enclins à former des amitiés subites, & à les rompre à l'instant. Fêtes & spectacles, festins d'appareil & repas libres, jeux, pompe, bal, éclat, tout en un mot ce qui a un air de joie & de prosperité est de leur goût.

Il en est dont les entrailles sont imbibées de bile ardente ; ne loüant que ce qui vient d'eux, méprisant tout le reste ; portés sur les ailes de l'orgueil & de l'ambition, prêts à tout oser pour se satisfaire, à allumer la flamme de la rivalité, à supplanter les concurrens, à former des projets hardis, à viser aux premiers rangs, incapables de souffrir ni égaux ni supérieurs, portant sur leur visage un air de domination. Dans les revers l'envie les ronge. La fortune revient-elle ? leur cœur s'enfle. Ils reprennent leur premier faste & leur fierté naturelle.

Il en est qui sont dévorés d'humeurs acides, comme d'un poison lent qui les amaigrit. Ils connoissent peu les ris, ou ils les veulent immodérés. Ils se renferment dans eux-mêmes. C'est avec eux seuls qu'ils roulent des idées gaies ou tristes, beaucoup plus celles-ci. Jamais leurs secrets ni leurs affaires ne leur échappent, pas même dans le sein d'un ami ; fideles du reste à garder tout ce qu'on leur confie. Ils ignorent les agrémens de la vie, les expressions aimables, la politesse des airs, & tout le manége attrayant de la Cour ; difficiles, plaintifs, aufteres, peu fufceptibles de nouveautés, conftans & fermes dans leurs entreprifes, & conféquemment très-propres à cultiver les Mufes.

Le dernier ordre des tempéramens eft comme noyé dans une pareffeufe pituite. Il en réfulte une efpece à part, & fort différen-te des autres; efpece glacée, fans ame, fans goût, fans agrément & fans utilité, ni pour elle, ni pour autrui; foit parce que dénuée de cette chaleur qui anime tout, elle eft len-te dans l'exécution, craignant tout, où rien n'eft à craindre, & fe défiant de fes forces; foit parce que fon extrème crédulité l'empor-te à tous vents, & que fa foibleffe eft rebutée par les moindres obftacles. A peine les pren-droit-on pour des hommes : ce font des fta-tues qui paroiffent vivre fans principe de vie.

Tels font les quatre principaux tempéra-mens. Mais le mêlange varié des humeurs les varie à l'infini, & jette dans les caracte-res d'extrèmes différences, par de légers changemens. Ce mêlange en effet n'eft ja-mais fi égal, que ce foit toûjours une feule humeur qui domine ; fouvent on en voit régner deux qui fe combattent à forces éga-les, & fouvent la tardive pituite arrête la fougueufe bile. Alors la lutte des humeurs eft dans un parfait équilibre : mais nul au-tre accord ne peut unir ces irréconciliables ennemis.

X iv

Etudiez dans votre tempérament les qualités & les vices de votre naturel. L'un & l'autre point demandent de l'attention. Le vifage, les yeux, la conformation du corps vous inftruiront mieux que les plus habiles Efculapes. Chacun doit être le fien à certains égards pour le corps & pour l'ame. Interrogez votre cœur. Confultez les égaremens mêmes de votre efprit, quand fe donnant l'effor il fe perd dans fes idées, & vous joüe par de vaines images. Examinez les délires des veilles, & les fonges de la nuit : ce font les vrais oracles des cœurs.

TEMPÉRANCE.

La tempérance eft la modération dans les plaifirs, & furtout dans ceux de la table ; elle renferme la fobriété & la frugalité. *Voyez ces deux mots.*

La tempérance fert auffi de frein à nos appetits naturels ; elle réprime l'incontinence, & renferme conféquemment auffi la chafteté. *Voyez ces deux mots.*

On entend auffi par tempérance, cette modération de defirs, cette égalité d'ame, que le sage conserve dans la bonne, comme dans la mauvaise fortune.

Tempérance. La tempérance renferme la modération dans les desirs, si nécessaire au bonheur de l'homme. Ecoutez le Père *Brumoi.*

Vieillards, que l'ambition ou la fortune ont vû blanchir sous leur empire, jettez un coup d'œil sur un jeu d'enfans, & instruisez-vous. Voyez-les tremper un chalumeau dans une liqueur visqueuse. Au premier souffle naît une bulle d'air qui se détache, vole & leur sert de joüet. Ils courent ; ils se la renvoient ; ils la suivent des yeux ; elle s'évanoüit, ils réiterent leur badinage. Apprenez de-là ce qu'a été votre vie. Desirs d'objets vuides de réalité, songes, fantaisies, illusions ; est-ce-là l'occupation des esprits nés pour ne point mourir ? Ah ! Pyrrhus, quelle folie de rouler ces vaines idées de triomphes à venir ! Non, ce n'est point prudence, c'est puérilité qui vous guide. Vos projets sont-ils plus sérieux que les jeux de l'enfance ? Vous cherchez le repos. Hé ! il est dans vous, si le sens droit y réside, si l'ambition en est bannie ; mettez un terme à vos desirs : voilà l'innocence, voilà ce bonheur tant desiré.

S'il eſt un terme à tout & même à la
vertu, combien plus en eſt-il pour les flots
des criminelles paſſions ! Mais quel mal
(dira ce cadavre vivant) de bâtir & de
planter ? Quoi ! vous loüez des ouvriers
pour ouvrir des carrieres , & vous allez
mourir ! Ce ſuperbe édifice que vous pro-
jettez doit-il être votre tombeau ? Non, il
en faut moins. C'eſt donc pour des héritiers
que vous deſtinez ces Palais futurs, & ces
nouveaux plans. Mais à quoi bon la fortune, s'il ne vous eſt pas permis d'en joüir ?
Voilà ce que vous crie l'un & l'autre Satyrique Romain. La nature vous le dit mieux
encore. O trois fois heureux, qui ne déſi-
rant que ce qu'elle exige, mépriſe tout ce
qui eſt au-delà de ſes modeſtes vœux ! Mo-
deſte en effet, & nullement importune dans
ſes demandes, elle ne veut que ce qui lui
ſuffit, peu pour le pauvre, un peu plus pour
le riche, modérément pour les deux états.
Par cette attention à reſſerrer la ſphere des
deſirs , elle a pour but que le cœur donne
moins de priſe aux traits de la capricieuſe
fortune. Hé ! n'eſt-il pas certain, que plus
le cœur ſouhaite, plus il s'étend, plus il
prête aux violentes ſecouſſes du deſtin ? O
ſi j'avois encore un petit champ ſitué à ma
bienſéance pour arrondir mes terres ! je bor-
nerois-là mes vœux. Vous le croyez. Hé !
ne ſavez-vous pas que la paſſion ne dit ja-

mais, c'est affez ? Ce petit champ injufte-
ment enlevé à fon poffeffeur aura à peine
accrû votre patrimoine, que vous voudrez
y joindre la terre voifine ; que bientôt votre
infatiable faim dévorera toutes les campagnes des environs, & que les maifons de
plaifance dignes des Monarques ne la raffa-
fieront pas. Que faites-vous ? Les vents agi-
tent votre cœur, la tempête approche. Ra-
menez les voiles, ou bien votre vaiffeau fera
brifé.

TENDRESSE.

La tendreffe eft une difpofition du
cœur à la fenfibilité, & à cet amour
qu'un fexe a pour un autre. Cette
difpofition vient de la qualité des
humeurs, qu'on remarque dans les
tempéramens humides & chauds.

La tendreffe n'a pas la violence de
l'amour, mais elle eft plus durable &
plus pénétrante ; l'amour ne nous agite
le cœur que par intervalle, la tendreffe
le remplit & l'occupe fans ceffe ; l'un
a pour objet la poffeffion de ce qu'il
aime, & l'autre l'union des cœurs :
enfin, l'amour eft une paffion, & la

tendreſſe n'eſt qu'un ſentiment. *Voyez* Amour.

La tendreſſe s'étend à l'amitié & aux autres liaiſons du cœur, ou ſi l'on veut aux liaiſons du ſang, comme la tendreſſe paternelle & filiale.

Tendreſſe. Voici le portrait que fait le Pere *Brumoi* de la tendreſſe.

Un génie bien différent de Cupidon erre dans des déſerts peu connus. La piété qui veille à l'union des parens, de la patrie, des amis, la tendre amitié, Aſtrée elle-même revenue pour lui ſur la terre, ſe font honneur de l'eſcorter. A ſa ſuite on voit ces ames ſublimes & ces cœurs héroïques, qu'une vertu ſans tache & ſans fard a d'abord in-férés aux Cieux : exemples fameux, que la bonne foi a conſacrés à l'immortalité, & à l'émulation de leurs derniers neveux. On ne voit dans ce nombre, ni fils dénaturés qui comptent & abregent les jours des peres, ni freres exécrables, dont la main ſe teint du ſang de leurs freres. On y voit des épouſes complaiſantes, des fils dociles & dignes de la tendreſſe paternelle, des ci-toyens aſſez zélés pour s'immoler à la pa-trie. Decius percé de fleches, victime de Rome rachetée, y montre les monumens de ſon courage. Codrus devenu Berger, pour ſauver Athenes par ſa mort, prouve qu'il mérite d'être le dernier de ſes Rois. On y remarque cet inexorable Regulus tel qu'il fut, quand il s'offrit volontairement aux ſupplices qui l'attendoient. Vainement ſa femme & ſes enfans éplorés le retiennent par leurs embraſſemens. Il perſiſte dans ſon deſſein, & vole chez l'ennemi à une mort cruelle & certaine. On y reconnoît Alcyone qui ſe précipite après Ceyx ſous les eaux : & cette généreuſe Romaine devenue mere d'un peré qu'elle nourrit de ſon lait. La tendre piété s'eſt plue à ſe peindre elle-même dans le tableau plein d'ame & de vie, qu'on a fait de cette héroïne. On voit enfin les couples inſéparables d'amis fidé-les, Euryale & Niſus, Pylade & Oreſte, Pirithoüs & Theſée, Patrocle & Achille, Caſtor & Pollux, ſans compter les tendres époux, Eurydice, Orphée & leurs pareils.

Cet amour épuré a peu d'adorateurs : mais le peu qu'il a trouvé eſt purifié par ſa flamme ſacrée des moindres taches de l'inté-rêt & de l'humanité. Pour les en préſerver dans la ſuite, il les environne d'un air cé-leſte qu'ils reſpirent. Ainſi le creuſet & la fournaiſe purgent l'or, l'airain & tous les métaux du mélange impur qu'ils ont con-tracté dans les entrailles de la terre. Le mé-tal coule en feu liquide, & répand en fu-mée le vice étranger, dont il ſe délivre. Le

Dieu, dont je parle, ne viſite gueres les lambris dorés & les riches Palais. Il aime la ſolitude. Il fuit les flots inconſtans du vulgaire inſenſé, & le trouble des affaires civiles. Il ſe trouve peu aux aſſemblées du barreau, & ſous ces voûtes qui retentiſſent de tant d'orages, tandis que l'impie Erynnis y fomente de cruelles inimitiés & de lugubres combats. Les nations paiſibles & les campagnes éloignées du bruit, le reçoivent comme une Divinité exilée. C'eſt-là qu'il touche d'un trait aimable des cœurs champétres & des eſprits dignes du Ciel. Il ſe les aſſocie pour les enflammer du deſir & de l'amour de la vertu. Le vulgaire n'en connoît que le ſimulacre d'or, qu'il fait profeſſion de révérer.

TENTATION.

La tentation eſt l'effet du tempérament : c'eſt ce ſecret penchant qui nous attire vers un objet plutôt que vers un autre.

TIMIDITÉ.

La timidité eſt la crainte du blâme ; elle vient ſouvent du peu de connoiſſance que nous avons des uſages du monde : quoiqu'elle ait l'amour-propre pour principe, elle est cependant toûjours la marque de la modestie, & suppose la connoissance de nos défauts.

La timidité fait souvent un sot d'un homme de mérite, en lui ôtant la présence d'esprit, & la confiance nécessaire dans le commerce du monde.

TON.

Rien n'est si arbitraire que ce qu'on appelle le bon ton : chaque pays, chaque nation, chaque province, chaque société a son bon ton établi sur ses usages : cependant, il y a un bon ton absolu indépendant de la coûtume ; c'est un accord du geste, du maintien, des pensées & des sentimens avec les expressions qui les rendent : accord qui consiste principalement dans les graces ennemies de toute affectation, & propres à chaque chose. *Voyez* Graces & Affectation.

Le bon ton eſt auſſi relatif à l'état de vie qu'on a embraſſé, au ſexe & à la condition des perſonnes avec leſquelles on ſe trouve : la politeſſe en fait le fondement.

TRAHISON.

La trahiſon eſt l'abus de la confiance, ou de la bonne foi publique. Un homme qui révele les ſecrets qu'on lui a confiés, eſt coupable de trahiſon ; un citoyen qui paſſe dans un pays étranger, qui connoît la force & la foibleſſe de l'état qu'il vient de quitter, & qui ſe ſert des connoiſſances qu'il a acquiſes pour nuire à ſa patrie, eſt un traître, qui mérite l'indignation des hommes & la ſévérité des Lois.

L'eſpion eſt un traître auſſi, moins coupable à la vérité, puiſqu'il ſert ſa patrie.

La trahiſon eſt auſſi une action mêlée de ſurpriſe & de vengeance ; un lâche qui attire ſon ennemi dans

un

un piége, ou qui le tue par derriere, commet une trahison.

TRANQUILLITÉ.

La tranquillité est ce calme que l'ame éprouve lorsqu'elle n'est agitée d'aucune passion, & qu'elle jouit d'elle-même, c'est l'état du bonheur.

La tranquillité est souvent le fruit d'une bonne conscience, & plus souvent encore l'effet du tempérament. Un sang bouillant est contraire à la tranquillité : c'est pourquoi les jeunes gens en jouissent si peu.

TRAVAIL.

L'homme regarde le travail comme une peine, & conséquemment comme l'ennemi de son repos : c'est au contraire la source de tous ses plaisirs, & le remede le plus sûr contre l'ennui. Nous renfermons en nous-mêmes un principe actif qui nous porte à l'action, dès que cette activité n'a point d'objet réel, l'esprit se replie fur lui-même, il fe trouble, il s'agite ; & de-là naiffent l'ennui, les inquiétudes, les appétits bifarres & défordonnés , l'oubli du devoir & l'habitude du vice.

TRISTESSE.

La triftesse eft un abbattement que l'ame éprouve, lorfqu'elle a perdu, ou lorfqu'elle craint de perdre un bien qu'elle poffede.

Il eft peu de biens dont la privation doive nous caufer cette langueur mortelle qui dégrade l'homme, & marque la foibleffe de fon efprit.

Trifteffe. Saififfons, dit le Pere *Brumoi*, un modele qui n'eft, hélas ! que trop commun. Le plus tendre des peres perd le fils le plus chéri. Voici, ce femble, la marche & le progrès de la douleur. L'horrible nouvelle a-t'elle frappé fon oreille ? Il croit fentir un poignard qui lui perce le fein. Il demeure ftupide, il devient prefque ftatue comme Niobé par le ferrement de cœur, ou comme Phinée à l'afpect de Médufe. Un nuage couvre à l'inftant fes yeux. Une subite horreur serpente par tout son corps, & pénetre ses os. Ses bras tombent. Ses genoux se dérobent. Tous ses membres frémissent, comme une moisson battue des vents, ou comme un ormeau enveloppé par un tourbillon. Il s'évanoüit. L'ame ne tient plus qu'à un léger fil. Il respire encore; c'est tout ce qui paroît de vie : le reste est une apparence de mort. Le cœur est serré. Les veines oublient leur ministere. Une humeur glutineuse arrête leur jeu. La bile ronge les entrailles. Le sang s'aigrit tout à coup.

A-t'on contraint les esprits de se ranimer ? Il revient à lui, il gémit, il lance d'ardens regards vers le Ciel. La voix lui manque. Les paroles expirent sur sa langue. La plaie est trop profonde. Les larmes, cette derniere ressource des affligés, n'accourent point à son aide. La force du mal est renfermée au dedans, & y fait sentir sa cruelle activité. Un poids énorme de bile acre entoure & presse la poitrine. Si le corps se délivre enfin du fardeau dont il est accablé, & du venin dont il est dévoré, c'est alors que cet infortuné pere se frappe violemment le sein, se tord les bras, se déchire le visage, s'en prend au Ciel qu'il insulte, puis s'en repent & retombe sur lui-même. » Ah ! c'est-moi, s'écrie-t'il, c'est-
» moi seul que je dois accuser. Si je t'avois

» aimé en pere, tu vivrois & je ne mour-
» rois pas de douleur. Je t'ai caufé le tré-
» pas. « Un morne filence fuccede à fes cris.
Il fixe à terre fes fombres regards. Il aime
à raffafier fon efprit du poifon qui le tue.
Son œil immobile eft l'image de la ftupeur.
Il rappelle les vertus, les graces & les talens du fils qu'il pleure. Ce trifte portrait eft
gravé profondément dans fon cœur pour le
déchirer; car la bleffure s'irrite d'autant plus,
qu'on fait plus d'efforts pour la guérir.
« Quoi ! la mort barbare m'aura ravi un
» thréfor fi précieux, & je ne pleurerois
» pas ! Ah, foibles confolateurs, portez
» ailleurs vos frivoles avis, qu'ils adoucif-
» fent la douleur des pertes légeres. J'ai
» tout perdu, hélas ! & vous ignorez ce
» que c'eft qu'être pere. » Sa fureur fe ral-
lentit : des torrens de larmes inondent fon
fein.

La nuit furvient. C'eft pour lui qu'elle
couvre le Ciel & fes malheurs. Son défefpoir revit & fe nourrit dans les ténebres. Il
appelle à fon fecours les enfers & la mort
qui fe rend fourde à fes cris. Il fe fent
entraîner vers elle. Il y voleroit, fi un refte
de raifon ne fufpendoit encore l'effet de fa
rage. Mais il favoure l'idée du trépas. Le
fer ou les précipices lui femblent doux. Il
compte pour rien une perte après laquelle
il foûpire. Il foule aux piés la crainte de

l'Averne ; & la mort s'offre à sa vûe, comme le dernier des maux. Un moment après, son esprit frémit d'un si funeste projet. Il désiroit le trépas ; il l'abhorre, il tremble, comme s'il voyoit l'Acheron répandre ses ténebres, & envelopper sa maison d'un crêpe affreux. Il croit entendre des cris aigus, des bruits nocturnes, & des vents sortis du sein des montages. Il gémit, comme si le Ciel étoit prêt à l'écraser par sa chûte, tant est forte l'impression des spectres que la terreur fait voler autour de lui ! Cependant le Ciel, loin de s'armer de foudres, est tranquille. Le silence regne sur la terre. Un doux sommeil verse ses pavots bienfaisans sur les corps fatigués. Quadrupedes, oiseaux, humains, tout dort, hormis cette malheureuse victime de la douleur. Son cœur se repaît de craintes funestes, & ne se prête pas plus au repos, que ses yeux au sommeil. Il décharge sa rage sur ce qu'il rencontre, sur sa couche même : tout lui paroît l'objet de son courroux. Il leur impute une perte dont ils sont innocens : mais sa douleur en est soulagée. Que si le sommeil se glisse furtivement dans ses sens accablés : c'est un sommeil d'airain. Son imagination est bourrelée par les pâles ombres. Les Eumenides armées de leurs torches, l'infestent d'idées funéraires : Manes & Simulacres versent l'horreur dans son esprit.

Y iij

Abandonné de tout l'Univers, tantôt il vogue sur une mer orageuse au milieu d'inaccessibles écueils, où il entend des voix terribles qui l'appellent en hûrlant, tantôt il se trouve transporté dans d'affreux déserts. Son fils lui-même l'effraie plus que tout autre objet. Il lui apparoît, non tel qu'il fut autrefois, mais tout couvert de poussiere & de cendre. « Est-ce toi, (s'é-
» crie le pere,) est-ce toi, cher enfant,
» que mes empressemens cherchent dans
» tous les climats ? Approche cette main :
» vole dans mes embrassemens. Tu te tais !
» tu ne m'embrasses point. Ah ! du moins
» un mot, & je suis consolé. » Il dit : l'ombre & le sommeil s'envolent à l'instant pour le rendre tout entier à sa douleur.

Les jours ne sont pas moins affreux que les sombres nuits. Il veut revoir la lumiere, il la revoit, il gémit. Il souhaite la présence des amis. Sont-ils présens ? il les fuit. Ses vœux s'entredétruisent, comme ceux de la fille de Pasiphaé. Elle ose concevoir un amour qui devoit faire horreur aux siecles futurs. Furieuse dans sa passion, elle se fait parer, & déteste sa parure.

La démence suit la douleur. Ce pere abîmé dans son affliction, fait dessein de passer ses jours dans un antre ; du moins il cherche les bois & les lieux solitaires, pour remplir de ses gémissemens les montagnes infenfibles. Il ne fonge qu'à entretenir fa plaie, de forte que fa douleur devient auffi longe qu'elle eft inépuifable. C'eft ainfi que deux Déeffes pleurerent leurs fils, l'une Memnon, l'autre Achille. Elles étoient immortelles & meres. Qu'on dife encore qu'il n'eft point d'éternelles douleurs. Véritablement, il faut l'avoüer, le tems eft le rémede. Sur les aîles du tems, la trifteffe s'envole : c'eft l'ordinaire. Mais quand une trifteffe opiniâtre a piqué le cœur au vif, & s'eft cachée dans fa profondeur, le tems ne fert qu'à l'accroître. Nul fouhait d'un meilleur deftin ne la peut déraciner, l'efpérance même eft contrainte de fuir avec effroi. Il fut des jours fereins pour le malheureux pere. Ils ne font plus. Ils ne reviendront plus. Retiré dans fa folitude, il abandonne tout : il s'abandonne lui - même, femblable à un nautonnier qui a long-tems lutté avec l'implacable mer. Il voit fes vœux trompés & fes efforts fuperflus. Il jette un long regard fur le rivage trop éloigné. Il s'affit fur la poupe, & fe livre à la fureur des flots.

TYRANNIE.

La tyrannie eft l'abus de l'autorité ; elle s'étend fur les actions & fur les volontés, sur les chofes divines & humaines.

La tyrannie qu'on exerce fur la confcience, eft une action qui ré-volte l'humanité, & qui eft fouvent auffi inutile que cruelle. Les puiffances de la terre n'ont le pouvoir que fur nos corps, nos ames font indé-pendantes, & n'éprouvent de trou-ble & de contrainte, que de leur confentement.

V.

VAILLANCE.

La vaillance eft la vertu des héros, c'eft le mépris de la mort & le defir de la gloire qui l'infpirent. Elle facrifie au bien public, ce que les hommes regardent comme le plus grand des biens, la vie. Elle ne con-fifte pas dans cette folle préfomp-tion, qui fait affronter les hafards, & qu'on peut nommer ambition & témérité; elle ne vient pas de cette ardeur bouillante, qui ne respire que le sang & le carnage : c'est férocité ; ce n'est pas non plus cette aveugle indifférence pour la vie, cette fougueuse valeur qui ne voit pas le péril : c'est stupidité. La véritable vaillance connoît le danger, se sert de toutes les regles de l'art & de la prudence pour le détourner, & s'y livre sans crainte lorsqu'il est inévitable.

VALEUR.

La valeur est la force réunie au courage. *Voyez* Courage, Bravoure, Intrépidité.

VANITÉ.

La vanité est l'étalage de nos avantages ; la vanité a quelque chose de bas, parce qu'elle a ordinairement de petits objets, & qu'elle se fait gloire bien souvent des choses qui avilissent plutôt l'ame qu'elles ne l'élevent. Elle emprunte son éclat des choses qui nous sont étrangeres, plutôt que des qualités de l'ame : & c'eſt en quoi elle différe de l'orgueil, qui a des objets plus nobles, mais dont le principe eſt auſſi vicieux.

VASTE.

Eſprit vaſte. *Voyez* Eſprit.

VÉNÉRATION.

La vénération eſt un ſentiment d'admiration, mêlé d'amour & de reſpect.

On a de la vénération pour les grands hommes, on en a auſſi pour les choſes ſacrées ; & pour lors la vénération eſt un ſentiment de reſpect mêlé de crainte.

VÉRITÉ.

La vérité eſt ce qui eſt, ce que l'on peut aſſûrer qui exiſte.

Vérité. La vérité, dit M. *de Maſſillon*, eſt cette régle éternelle, cette lumiere inté-rieure, ſans ceſſe préſente au-dedans de nous, qui nous montre ſur chaque action

ce qu'il faut faire, ou ce qu'il faut éviter ;
qui éclaire nos doutes, qui juge nos jugemens ; qui nous approuve, ou qui nous condamne en secret, selon que nos mœurs sont
conformes ou contraires à sa lumiere ; & qui
plus vive ou plus lumineuse en certains
momens, nous découvre plus évidemment
la voie que nous devons suivre.

VERTU.

La vertu est la pratique constante
& affectueuse de nos devoirs, c'est
la préférence du bien public à l'intérêt personnel. Il y a une vertu indépendante de la coûtume, & fondée sur cette lumiere que nous avons
reçûe de l'Etre suprème, c'est la véritable : celle qui n'est établie que sur
l'opinion des hommes ne mérite pas
ce nom.

C'est l'amour de Dieu qui est la
source des vertus chrétiennes, c'est
l'amour des hommes qui est le principe des vertus morales : on appelle
aussi de ce nom les bonnes qualités
de l'esprit.

La vertu renferme nos devoirs. *Voyez* Devoirs. C'eſt la connoiſſance de ce que nous devons faire & éviter, qui nous la donne : ainſi, c'eſt l'ignorance qui produit les vices, d'où il s'enſuit que nous ne faiſons le mal, que faute de le connoître pour tel.

La ſcience nous vient de Dieu, les hommes ne peuvent nous la donner, qu'autant que Dieu fera taire les paſſions, & rendra la conſcience attentive aux préceptes des ſages.

VICE.

Le vice eſt ce qui eſt oppoſé à la vertu. Il prend ſa ſource dans l'amour-propre mal entendu ; c'eſt la préférence de l'intérêt perſonnel au bien public : c'eſt ce qu'on appelle mal moral.

On entend auſſi par vice les mauvaiſes qualités du cœur & de l'eſprit, & on les diſtingue des défauts & des ridicules. Les vices prennent leur ſource dans l'ame, les défauts dans le tempérament, & les ridicules dans l'efprit. On peut fe corriger des vices & des ridicules, on ne détruit pas aifément les défauts du corps.

Le vice ne nuit point à l'harmonie de l'Univers ; il n'offenfe que fon auteur, excepté le vice de féduction qui nuit également à foi-même & aux autres, & qui par cette raifon mérite d'être doublement puni.

L'efprit du monde ne juge des hommes, que par le rapport que leurs qualités ont avec leur avantage perfonnel : & fouvent il préfere un vice amufant ou un ridicule brillant, à une vertu férieufe & chagrine.

VIEILLESSE. *Voyez* Age.

VIGILANCE.

La vigilange qui eft oppofée à la pareffe, eft cette attention à nos devoirs que nous donnent l'activité de l'ame & le defir de nous rendre heureux.

VIVACITÉ.

La vivacité eſt une promptitude dans les opérations de l'eſprit, qui vient de l'heureuſe diſpoſition des organes & de la libre circulation du ſang.

Ces deux eſpeces de vivacités ſe trouvent ordinairement enſemble, mais elles ne ſont point inſéparables.

La vivacité de l'eſprit ſuppoſe des paſſions vives ; lorſque cette vivacité eſt trop grande, elle nous éblouit & nous égare comme une lumiere trop ardente ; elle nous empêche d'approfondir la vérité, & ne ſert ſouvent qu'à nous conduire d'erreurs en erreurs.

UNIVERS.

L'Univers eſt cette eſpace immenſe qui renferme la Terre, la Mer & les Cieux, & qui eſt peuplé de différens êtres.

Les Stoïciens penſoient que Dieu

avoit seulement arrangé le monde avec les quatre élemens, qui alors confondus, formoient le cahos & la matiere premiere. Ils difoient qu'il l'avoit arrangé auffi bien qu'il pouvoit l'être, & qu'il l'avoit rendu auffi bon que la matiere pouvoit le permettre.

Les Epicuriens convenoient auffi, que la matiere étoit de toute éternité ; & qu'à force de nâger dans le vuide, elle avoit compofé l'Univers par la rencontre fortuite des atômes : Phyfique qu'ils ne pouvoient appuyer d'aucuns raifonnemens plaufibles, & d'aucune expérience.

Pythagore ajoûtoit à ce fyftème, une ame qui étoit répandue dans tous les corps ; Spinofa a ajoûté depuis encore, que cette ame du monde étoit Dieu, & que tout étoit en lui.

La révélation nous apprend que c'est Dieu qui a créé le monde ; la raifon nous prouve continuellement que c'est lui qui le conferve ; & la foi nous oblige à croire qu'il finira.

VOLAGE. *Voyez* Léger.

VOLONTÉ.

La volonté eft l'effet du confen-tement que nous donnons au juge-ment de l'efprit. C'eft un mouvement de l'ame, qui nous porte à l'action en conféquence de la détermination de l'efprit, foit que nous foyons dé-terminés par la conviction, ou en-traînés par la perfuafion. *Voyez* Con-viction & Perfuafion.

Notre volonté détermine toûjours nos actions : mais fouvent notre vo-lonté eft incertaine, parce que notre raifonnement n'eft pas clair : le rai-fonnement eft obfcur, lorfque les idées ne font pas nettes. Ce défaut de netteté vient de notre ignorance ; par exemple, je veux devenir heu-reux, & pour parvenir à la félicité, je me livre au plaifir des fens ou de la table, parce que je crois que ces plaifirs me la procureront, & que

j'ignore

j'ignore le chemin qui y conduit.

Si quelquefois nous paroiſſons agir contre notre volonté, c'eſt que pluſieurs raiſons combattent à qui la déterminera ; quelquefois la plus foible l'emporte, & détermine la volonté, qui, dans l'inſtant même, détermine l'action ; laquelle action n'eſt pas plutôt faite, que l'autre raiſon qui nous a tenus quelque-tems en ſuſpens, paroît alors la meilleure, & nous fait dire que nous avons agi contre notre volonté : ce qui eſt comme on voit très-fou.

Quel que ſoit le penchant des paſſions, la volonté peut réſiſter à leur ſujeſtions : ainſi, nous ſommes toûjours libres d'agir ; mais il n'eſt pas moins vrai, que lorſque la volonté cede aux impulſions du ſentiment, elle eſt pour lors déterminée par la ſéduction ; & il faut convenir que la ſéduction eſt une eſpece de violence, qu'il eſt très-difficile de ſurmonter ; cependant, quoique plus à plaindre,

Z

nous n'en fommes pas moins coupables, parce que les paffions ne peuvent s'emparer de notre ame, qu'avec notre confentement.

VOLUPTÉ.

Il y a peu de termes dans notre langue, dont la fignification foit plus vague & moins déterminée ; on le prend affez communément en mauvaife part, parce qu'on n'en a pas l'idée qu'on doit en avoir ; effayons donc de le définir : c'eft comme je l'ai dit, le feul moyen de parvenir à la connoiffance de la vérité.

La volupté eft le fentiment réfléchi du plaifir ; il naît de la modération de l'ame, qui joüit fans trouble, fans inquiétude, fans emportement : car fans modération le plaifir n'eft qu'une ivreffe, qu'un trouble machinal qui n'affecte que les fens, & qui les fatigue plus qu'il ne les fatisfait ; or, qui eft ce qui peut procurer cette modération très-rare & fi précieufe ?

la nature y contribue sans doute beaucoup par la bonne constitution des
organes : mais c'est l'estimation des
choses seules qui nous la donne.
Ainsi, la volupté suppose donc nécessairement des principes bons ou
mauvais, c'est-à-dire, une façon de
penser stable & décidée ; car l'incertitude est toûjours accompagnée de
trouble & d'inquiétude : ainsi, la volupté devient un bien ou un mal,
suivant la justesse ou la fausseté de
ses principes.

La véritable volupté est celle qui
n'est suivie d'aucun regret ni repentir, & dont la joüissance se renouvelle encore par le souvenir ; & par
le secours de l'imagination, qui la
multiplie pour ainsi dire, & en augmente la force & la durée, en ajoûtant à
l'impression que l'objet a déja faite sur
les organes du sentiment, une nouvelle impression plus vive & plus
pénétrante.

L'idée de la perfection dans un

objet & le véritable amour, nous procurent la volupté : elle differe des plaisirs, en ce que les plaisirs ne viennent que des sens, & la volupté appartient à l'ame.

Voici le portrait de la volupté, peint par M. l'Abbé *d'Alainval*, dans la petite Piéce de l'Hyver, Comédie, joüée au Théatre Italien.

> Je suis la volupté,
> Et fille de la liberté,
> Mais non pas du libertinage.
> Mon enjouement & ma gayeté,
> Et mon aimable badinage
> Viennent de ma tranquillité.

L'HYVER.

Vous êtes Philosophe?

LA VOLUPTÉ.

> Oh non, mais le vrai sage,
> Quand il touche au midi de l'âge,
> Trouve en moi sa félicité ;
> Je fuis la fougueuse jeunesse,
> Ses soins impétueux & ses distractions ;
> Je hais & la folie & l'austere sagesse :
> J'ai des plaisirs & non des passions.
> Libre de soins, libre d'inquiétude,
> De craintes, de desirs,

De remords & de repentirs,
Dans une douce étude,
Je trouve d'innocens plaisirs,
Sans en être plus précieuse.
Voilà la volupté, Seigneur, telle qu'elle
eſt,
Si ſon caractere vous plaît....
L'Hyver.
Non, vous êtes trop ſérieuse:
Pardonnez, je ſuis franc & peut-être
brutal.
La Volupté.
Je ne vous en veux point de mal,
Tous ne ſavent point me con-
noître.
Adieu, je vois quelqu'un pa-
roître:
Vous viſez au terreſtre, & je cours à
l'eſprit.

Usage.

L'uſage du monde eſt la maniere
d'agir; il nous donne la ſcience de
nous y conduire, ſelon les bienſéances établies pour le rang, la naiſſance, le ſexe, l'âge, le tems & les lieux.

Chaque Nation, chaque Province,
chaque Ville a ſes uſages. C'eſt la

Cour & la Ville qui décident le bon usage en France.

L'usage du monde est préférable au savoir & à l'esprit, qui ne le supplée pas ; souvent un sot qui en a passe pour avoir de l'esprit, tandis qu'un homme d'esprit sans usage du monde passe souvent pour un sot.

Usage. Ce qu'on appelle l'usage du monde, dit M. *de Moncrif*, consiste, si je ne me trompe, dans la précision avec laquelle on emploie le savoir-vivre, la politesse, l'empressement ou la retenue, la familiarité ou le respect, l'enjouement ou le sérieux, le refus ou la complaisance : Enfin, tous les témoignages de devoirs ou d'égards qui forment le commerce de la société.

Y.

YVRESSE.

L'yvresse est un état de trouble & d'agitation causé par les liqueurs fortes, ou les passions violentes. C'est une espece de fureur, qui transporte l'ame & la ravit hors d'elle-même, en empêchant ses fonctions.

ADDITIONS.

ABANDONNER. QUITTER.

ON quitte pour un tems, on abandonne pour toûjours.

On quitte souvent sa femme pour la reprendre : mais on n'abandonne son pays, qu'avec le dessein de n'y plus retourner.

S'ABANDONNER. SE LIVRER.

S'abandonner marque la foiblesse de la nature humaine, il signifie se laisser aller ; se livrer est plus fort, & dénote une volonté pleine & entiere.

On dit d'un caractere foible & facile qu'il s'abandonne ; on dit d'un homme passionné qu'il se livre : l'un ne peut résister à l'attrait du plaisir, & l'autre le recherche avec ardeur.

Z iv

ABHORRER. DÉTESTER. HAÏR.

On abhore ce qui infpire l'horreur, on détefte ce qui eft méchant, on haît ce qui déplaît.

On haît une perfonne, parce qu'elle eft d'un commerce dur dans la fociété, qu'elle eft cauftique, & qu'elle a l'efprit de domination, quand elle eft contrariante & opiniâtre ; nous la déteftons quand elle a commis quelque action de noirceur ; & nous l'abhorrons quand elle eft coupable des crimes, qui font contre nature.

On haît les vices, on détefte les trahifons, on abhorre les crimes & les meurtres.

ABJET. VIL. BAS.

On dit d'une chofe qu'elle eft vile, d'une action qu'elle eft baffe, & d'un homme qu'il eft abjet.

Un homme de condition fe dégrade & devient abjet, lorfqu'il commet des actions baffes ; c'eft la vertu plutôt que la naiſſance, qui diſtingue la nobleſſe : & dès qu'il s'écarte, il ſe rend ſemblable à la plus vile populace.

Bas s'employe auſſi quand on parle des choſes qui ont rapport à l'eſprit ; on dit cet homme a des expreſſions, des propos bien bas , & non pas vils.

Abjection.

L'abjection eſt un état de baſſeſſe, dans lequel l'ame vile ſe plonge volontairement. *Voyez* Baſſeſſe.

Abominable. Détestable. Exe'crable.

Déteſtable & abominable ſe diſent des perſonnes & des choſes ; on dit un homme déteſtable, des actions déteſtables : ce ſont celles où il entre de la méchanceté, & de la noirceur.

Abominable renferme l'idée de profanation ; & exécrable ſe dit des choſes qui inſpirent de l'horreur, &

qui font contre nature. En fuivant cette définition, on ne doit pas l'appliquer aux perfonnes, parce qu'on ne peut pas dire qu'elles font contre nature : mais on peut s'en fervir avec le mot de monftre, par exemple, un fils qui a tué fon pere eft un monftre exécrable.

ABSTINENCE.

L'abftinence eft une privation volontaire. Elle eft un bien, ou un mal, fuivant fon objet. L'abftinence eft auffi une vertu de Moines fort voifine de la fuperftition.

ABSTRACTION.

L'abftraction eft une opération de l'efprit, qui confidere ce qu'un genre a de commun fans diftinguer les propriétés de l'efpece, par exemple, dans cette propofition générale, *Tout être animé a dans lui-même un inftinct, qui veille à fa propre confervation* ; je fais abftraction de l'efpece.

Cette maniere d'envisager les objets est sujette à l'erreur, par les fausses conséquences qu'on tire d'une maxime générale ; c'est ce qu'on peut voir dans l'exemple cité. On conclurroit mal, si de ce que tout être animé a dans lui-même un instinct, qui veille à sa propre conservation, on concluoit que l'homme qui est un espece de ces êtres, peut abandonner sa conduite au hasard.

ACCABLEMENT.

L'accablement vient du corps ou de l'esprit ; l'accablement du corps vient de la maladie ou de la fatigue ; l'accablement de l'esprit est un état de l'ame, qui succombe sous le poids de ses peines.

Cet état dégrade l'homme & laisse voir sa foiblesse ; il n'est point de maux ni de situations dans la vie, auxquels il n'y ait du remede ; & quand même il n'y en auroit pas, ce seroit toûjours une folie de s'en affliger, puiſque cela ne ſerviroit à rien.

L'abattement qui n'eſt qu'une langueur, que l'ame éprouve à la vûe d'un mal qui lui arrive, nous conduit quelquefois juſqu'à l'accablement, qui produit toûjours le découragement.

Le découragement eſt une foibleſſe de l'ame qui cede aux difficultés, & qui nous fait abandonner une entrepriſe commencée, en nous ôtant le courage néceſſaire pour la finir.

ADMIRATION.

L'admiration eſt une longue ſurpriſe mêlée de reſpect, & ſouvent d'amour.

Elle diffère du ſimple étonnement, par l'importance de l'objet, qui eſt grand ou merveilleux. Un homme d'eſprit voit peu de choſes dignes d'admiration, un ſtupide n'admire rien, & un ſot trouve tout admirable.

ADORATION.

L'adoration eſt l'hommage que l'on doit à la Divinité. Il y en a de deux ſortes, la premiere eſt une élévation de l'ame vers ſon auteur ; la ſeconde que l'on nomme culte, conſiſte dans la façon dont il faut adorer Dieu.

Les Déiſtes prétendent que la premiere ſuffit, & n'admettent point de Religion qui preſcrit un culte quel qu'il ſoit.

ADROIT. HABILE. ENTENDU.

Habile ſe dit de la conduite, entendu des lumieres de l'eſprit, & adroit des graces de l'action.

ADVERSITÉ.

Les adverſités ſont des accidens malheureux, l'adverſité eſt l'effet de tous les accidens. Les accidens ſont paſſagers, l'adverſité eſt un état conſtant de malheur.

Les adverſités ſont ſi fort inſéparables de notre condition, qu'en
quelque état que nous ſoyons, nous
devons toûjours nous y attendre; c'eſt
le moyen de les rendre moins ſenſibles.

L'adverſité n'eſt point un mal réel,
ce n'eſt que la privation de quelques
biens ; elle eſt ſouvent devenue la
ſource de nos vertus, & conſéquemment de notre bonheur.

> Ainſi que le cours des années
> Se forme des jours & des nuits,
> Le cercle de nos deſtinées
> Eſt marqué de joie & d'ennuis.
> Le Ciel, par un ordre équitable,
> Rend l'un à l'autre profitable ;
> Et dans ces inégalités,
> Souvent ſa ſageſſe ſuprème
> Sait tirer notre bonheur même
> Du ſein de nos calamités.

Rouſſeau.

AFFECTATION.

L'affectation eſt une maniere d'i-
miter, & de montrer des qualités

qu'on n'a pas, ou des qualités qu'on voudroit avoir, ce qui établit deux efpeces d'affectations. La premiere fe nomme hypocrifie. *Voyez* Hypocrifie.

L'affectation eft la fource du ridicule.

Affectation. Les imitations, dit M. *Duclos*, ne faififfent ordinairement que les ridicules de leur modele. Dorimond fe tourmente à chercher tous les moyens de plaire; malheureufement plus on les cherche, & moins on les trouve; il veut imiter les agréables de la Cour : mais tout ce qui ne les rend que ridicules, le fait paroître maufface; il y a des ridicules qui ne vont pas à toute forte de figures, il y en a même de compatibles avec les graces; & Dorimond ne brille pas par ceux-là : plus il veut faire le fat, plus il prouve qu'il n'eft qu'un fot.

L'affectation dans le langage, dit M. le Duc *de Richelieu*, dans fon difcours de réception à l'Académie Françoife, une certaine recherche d'expreffions fingulieres, eft un aveu de la ftérilité des penfées : c'eft une efpece de fauffe monnoie, à laquelle on n'a recours que dans l'indigence.

CALOMNIE.

La calomnie eft une médifance, qui n'eft fondée que fur de fauffes apparences. Elle doit fa naiffance à la haine, à l'envie, ou à la méchanceté.

CHANGEANT. *Voyez* Léger.

CIVILITÉ.

La civilité eft une vertu de société, qui rend à chacun ce qui lui eft dû ; elle confifte dans les égards mutuels, que l'ufage & la différence des rangs & des conditions a établis. La civilité eft auffi la démonftration de nos fentimens obligeans pour nos femblables, par nos geftes & par notre maintien.

COMPLAISANCE.

La complaifance eft une condef-cendance honnête aux idées, ou aux volontés des autres. *Voyez* Com-plaifance.

DÉCOURAGEMENT.

Découragement. *Voyez dans les Additions* Accablement.

Devoir.

Les devoirs des peres, sont l'inf-
truction & la tendreffe ; les devoirs
des enfans, font l'obéiffance, la fofi-
miffion, le refpect, l'amour & la reconnoiffance ; les devoirs de l'amitié,
font la confiance, la bienveillance &
les confeils. *Voyez* Devoir.

Division.

La divifion eft la diftribution d'un
tout en plufieurs parties ; il y en a de
deux fortes : la premiere s'appelle diftinction. La diftinction eft l'énumé-
ration de ce que fignifie un terme
ambigu : la feconde eft la fimple diftribution des parties d'une propofition, ou d'un difcours.

Éducation.

Un pere de famille doit fe propofer trois objets dans l'éducation de la famille, la science, les mœurs, la religion.

Les Belles-Lettres, les beaux Arts & les Sciences, forment l'esprit, lui donnent de l'étendue, de la capacité pour les affaires ; & lui procurent une secrete satisfaction, qui tient souvent lieu de richesses, de plaisirs & d'amis.

Elles élevent l'ame, & la portent aux grandes actions, par la connoissance qu'elles nous donnent de nos devoirs.

La fin de l'étude doit être de rendre l'homme meilleur, de réprimer l'orgueil, d'acquérir les vertus de la société & des Citoyens ; d'arrêter la fougue des passions, par les bons exemples que nous fournissent l'Histoire & les Livres de Morale.

L'éducation doit se diviser en trois tems, l'enfance est pour la mere, la jeunesse regarde le pere, & l'adolescence demande les soins de tous les deux.

ÉGARDS. *Voyez* le premier & ajoûtez :

Les égards font auffi des ménagemens qu'on emploie pour dire des vérités dures, ou pour les taire : ils fe conforment aux fituations, au fexe, aux tems & aux lieux.

ÉTOURDERIE. *Voyez* Précipitation.

ÉTUDE.

Voyez *dans le premier article les fciences néceffaires à l'homme ; & ajoûtez :* Je voudrois auffi que l'on apprît un peu de chymie, beaucoup d'anatomie, & quelques principes de médecine : c'eft la fcience la plus utile à l'homme.

Il vaudroit mieux qu'il connût la ftructure du corps humain, & les différentes maladies qui peuvent l'affliger, que de s'amufer à apprendre tant de fciences incertaines & inutiles ; il pourroit fe paffer de Medecin, il connoîtroit son tempérament & sauroit le ménager ; il n'accableroit pas son corps de remedes, parce qu'il en con- noîtroit l'abus ; il dissiperoit la mala- die avant qu'elle fût enracinée, & se passeroit des lentes consultations de la Faculté, qui, pour ne pas faire voir son ignorance, ordonne toûjours des remedes en attendant qu'ils aient con- nu le mal.

Les Mathématiques, comme je l'ai déja dit, ont aussi leurs avantages ; mais je voudrois que l'on n'en fît pas une étude trop sérieuse, qu'elle ne prît pas sur les autres occupations de l'homme ; & qu'enfin, l'on ne s'attachât en cultivant cette science, qu'aux parties qui peuvent servir à l'utilité & à la commodité de la vie, comme la méchanique, l'architecture, l'hy- draulique, &c.

La trop grande application aux sciences abstraites, fait changer les plus doux sentimens de la nature. Un savant oublie ce qu'il doit à sa femme, à ses enfans, à ses amis, &c.

IMAGINATION.

Voyez le premier article, & ajoûtez : L'imagination est aussi une espece de perception, qui conçoit & se représente quelque corps, ou quelque figure sans le secours des sens ; par exemple, je vois par le secours de l'imagination une campagne riante, quoique je sois dans ma chambre, & que j'aye les yeux fermés.

JUSTICE. *Voyez* le premier article, & ajoûtez :

La justice est une vertu qui rend à chacun ce qui lui est dû ; elle est fondée sur ce principe de la morale, ne faites pas aux autres ce que vous voudriez qui ne vous fût pas fait à vous-même.

LACHETÉ. *Voyez* Poltronnerie.

MORALE.

Voyez le premier article, & ajoû-

tez : Zenon réduisoit la morale à ces trois chefs. *L'homme est né pour être heureux, il ne peut l'être qu'en suivant l'impression de la nature ; dont il ne doit écouter & suivre les impressions que de l'aveu de la raison, qui doit être toûjours son guide.*

Quand même on ne pourroit pas prouver l'immortalité de l'ame, & les châtimens qui sont réservés aux crimes dans une autre vie, on n'en feroit pas moins sentir la nécessité de la morale pour être heureux. Tout ce qui est contre la vertu & contre les Lois établies pour le bien de la société, reçoit dans ce monde-ci la peine dûe à toute infraction de la Loi: le mépris, l'infamie, les remords & les repentirs sont indubitablement le châtiment du crime.

NETTETÉ.

Voyez le premier article, & *ajoûtez* : La netteté vient de la maniere dont on a appris les choses ; si les

connoiffances font diftinctes, les idées
font nettes : ainfi la multiplicité des
connoiffances qui les rend fouvent
confufes, nuit à la netteté. L'homme
n'eft pas fait pour embraffer tant
d'objets à la fois, tous ces génies qui
veulent être univerfels, ne font la
plûpart du tems que fuffifans.

P ARESSE.

Voyez le premier article, *& ajoûtez* : Toute la nature eft en action, &
ne fubfifte que par l'action : l'homme
furtout en a befoin, & doit chercher
à fe rendre utile, tant pour le bien
de la fociété, que pour fon propre
bonheur : ainfi, la pareffe qui eft une
fuite de tout travail, foit à l'égard du
corps ou de l'efprit, eft un des plus
grands obftacles à notre bonheur.
Elle nous caufe une langueur, un
abattement qui nous rend incapables
à tout ; elle s'oppofe à l'accompliffement de nos devoirs ; & bien loin de
nous procurer du repos & de la tran-

A a iv

quillité, elle ne produit que l'ennui & le *méfaife*. Dans quelque situation du corps que fe trouve un pareffeux, il n'eft jamais bien. La pareffe nuit à la fanté, & aux connoiffances qu'on pourroit acquérir, empêche les bonnes actions que nous pourrions faire, & nous fait fouvent manquer le fuccès des projets les plus utiles, en retardant nos démarches.

PROPOSITION.

La propofition eft l'expofition, foit verbale, foit littérale, d'une penfée ou d'un jugement.

La propofition à l'égard du jugement fe divife en certaine & incertaine; à l'égard de la chofe, en vraie ou fauffe; à l'égard de fon étendue, en générale ou particuliere : & à l'égard de fon attribut en fimple ou compofée.

SENSATION.

Voyez le premier article, & *ajoû-*

tez : La senfation eft auffi une espece
de perception, par laquelle l'esprit
frappé par les fens, conçoit différentes chofes.

Saisons.

Le changement des faifons, auffi
bien que des années, entraîne avec
elles différentes façons de penfer. Le
Printems infpire l'inconftance & la
diffipation, l'Eté le repos, l'Automne
l'activité des plaifirs, & l'Hyver la
conftance & l'amour du travail & de
l'étude.

Talent.

Le talent eft une aptitude à un art
méchanique ou libéral ; ce qui confti-
tue deux fortes de talens, ceux de
l'efprit & ceux du corps. Les talens
de l'efprit, font les Belles-Lettres, la
Mufique, &c. les talens du corps,
font la danfe, l'art de monter à che-
val, &c.

Tous les talens de quelques efpe-

ces qu'ils foient ne dépendent pas de
nous, & ne doivent par conféquent
nous infpirer, ni orgueil pour nous,
ni mépris pour les autres ; ils ne deviennent eftimables, que par le bon
ufage que nous en faifons, & ne fe
rendent recommandables, que par la
modeftie qui en releve le mérite &
l'éclat.

Talens. Que font les grands talens, dit
M. *de Maffillon*, que de grands vices, fi
nous ne les employons que pour nous-
mêmes ? Que deviennent-ils entre nos
mains ? Souvent les inftrumens des malheurs publics, toûjours la fource de notre
condamnation & de notre perte. Qu'eft-ce
qu'un fouverain né avec une valeur bouillante, & dont les éclairs brillent déja de
toutes parts dès fes plus jeunes ans, fi la
crainte de Dieu ne le conduit & ne le modere ? Un aftre nouveau & malfaifant, qui
n'annonce que des calamités à la terre. Plus
il croîtra dans cette fcience funefte, plus les
miferes publiques croîtront avec lui. Ses entreprifes les plus téméraires, n'offriront
qu'une foible digue à l'impétuofité de fa
courfe ; il croira effacer, par l'éclat de fes
victoires, leur témérité ou leur injuftice.

L'espérance du succès sera le seul titre qui justifiera l'équité de ses armes ; tout ce qui lui paroîtra glorieux deviendra légitime. Il regardera les momens d'un repos sage & majestueux, comme une oisiveté honteuse, & des momens qu'on dérobe à sa gloire. Ses voisins deviendront ses ennemis, dès qu'ils pourront devenir sa conquête ; ses Peuples eux-mêmes fourniront de leurs larmes & de leur sang, la triste matiere de ses triomphes. Il épuisera & renversera ses propres états, pour en conquérir de nouveaux ; il armera contre lui les Peuples & les Nations, il troublera la paix de l'Univers, il se rendra célebre en faisant des millions de malheureux. Quel fléau pour le genre humain ! Et s'il y a un Peuple sur la terre capable de lui donner des éloges, il n'y a qu'à lui souhaiter un tel maître.

Repassons sur tous les grands talens qui rendent les hommes illustres. S'ils sont donnés aux impies, c'est toûjours pour le malheur de leur Nation & de leur siecle. Les vastes connoissances, empoisonnées par l'orgueil, ont enfanté ces chefs & ces docteurs célebres de mensonge, qui, dans tous les âges, ont levé l'étendard du schisme & de l'erreur, & formé dans le sein même du Christianisme, les sectes qui le déchirent. Ces beaux esprits si vantés, & qui, par des talens heureux, ont rapproché leur siecle du goût &

de la politeſſe des anciens, dès que leur cœur s'eſt corrompu, ils n'ont laiſſé au monde que des ouvrages laſcifs & pernicieux, où le poiſon, préparé par des mains habiles, infecte tous les jours les mœurs publiques, & où les ſiecles qui nous ſuivront viendront encore puiſer la licence & la corruption du nôtre.

Comment ont paru ſur la terre ces génies ſupérieurs, mais ambitieux & inquiets, nés pour faire mouvoir les reſſorts des Etats & des Empires, & ébranler l'Univers entier? Les Peuples & les Rois, ſont devenus le joüet de leur ambition & de leurs intrigues. Les diſſenſions civiles & les malheurs domeſtiques, ont été les théatres lugubres, où ont brillé leurs grands talens. Un ſeul homme obſcur, avec les avantages éminens de la nature, mais ſans conſcience & ſans probité, a pû s'élever dans le dernier ſiecle, ſur les débris de ſa patrie ; changer la face entiere d'une Nation voiſine & belliqueuſe, ſi jalouſe de ſes droits & de ſa liberté ; ſe faire rendre les hommages, que ſes Citoyens diſputent même à leurs Rois ; renverſer le Throne, & donner à l'Univers le ſpectacle d'un Souverain, dont la Couronne ne put mettre la téte ſacrée à couvert de l'arrêt inoüi qui le condamna à la perdre.

Eſprits vaſtes, mais inquiets & turbulens, capables de tout ſoûtenir, hors le repos ;

qui tournent sans cesse autour du pivot
même qui les fixe & qui les attache, &
qui aiment encore mieux ébranler l'édifice, & être écrasés sous ses ruines, que de
ne pas s'agiter, & faire usage de leurs talens & de leurs forces. Malheur au siecle
qui produit de ces hommes rares & merveilleux.

F I N.